本书由国际关系学院中央高校基础科研业务费专项资金（项目编号：3262023T02）资助出版。

"一带一路"背景下推进中国对外文化贸易高质量发展的路径研究

曾燕萍◎著

Research on High-quality Development of
China's Cultural Trade under
the Belt and Road Initiative

经济管理出版社
ECONOMY & MANAGEMENT PUBLISHING HOUSE

图书在版编目（CIP）数据

"一带一路"背景下推进中国对外文化贸易高质量发展的路径研究 / 曾燕萍著. —北京：
经济管理出版社，2023.4

ISBN 978-7-5096-8989-9

Ⅰ.①⋯ Ⅱ.①曾⋯ Ⅲ.①文化产业—对外贸易—贸易发展—研究—中国 Ⅳ.①G124

中国国家版本馆 CIP 数据核字（2023）第 068004 号

组稿编辑：任爱清
责任编辑：任爱清
责任印制：许　艳
责任校对：王淑卿

出版发行：经济管理出版社
　　　　　（北京市海淀区北蜂窝 8 号中雅大厦 A 座 11 层　　100038）
网　　　址：www.E-mp.com.cn
电　　　话：（010）51915602
印　　　刷：北京晨旭印刷厂
经　　　销：新华书店
开　　　本：720mm×1000mm/16
印　　　张：12.25
字　　　数：227 千字
版　　　次：2023 年 5 月第 1 版　2023 年 5 月第 1 次印刷
书　　　号：ISBN 978-7-5096-8989-9
定　　　价：89.00 元

前 言
PREFACE

党的二十大报告指出，全面建设社会主义现代化国家，必须坚持中国特色社会主义文化发展道路，增强文化自信，围绕举旗帜、聚民心、育新人、兴文化、展形象建设社会主义文化强国。强调要加快构建中国话语和中国叙事体系，讲好中国故事、传播好中国声音，展现可信、可爱、可敬的中国形象。可见，在以文化为标志的新一轮国际竞争中，文化驱动力已成为与经济驱动力并重的影响一国经济持续增长和综合实力的重要因素。"一带一路"源于古老的丝绸之路，给推进中国文化贸易发展带来了重要契机，给中国对外文化贸易高质量发展带来了新的资源平台、市场平台和合作平台。

本书以"一带一路"建议为背景，以文化贸易发展为视角，旨在系统探讨"一带一路"背景下推进中国对外文化贸易高质量发展的路径和对策建议。为此，本书在系统梳理文化贸易产品基本概念、国内外分类与统计框架及相关理论的基础上，首先从中国文化贸易发展总体格局与主要问题、中国与"一带一路"沿线国家间文化贸易现状及互补关系、中国文化产业在全球价值链中的地位及竞争力三个方面全面剖析了"一带一路"背景下中国对外文化贸易发展的基本事实；其次从文化产业全球价值链、文化生产和文化消费三个角度实证研究了影响中国文化产品贸易高质量发展的关键领域和重要因素；最后结合中国对外文化贸易发展的基本事实依据，影响中国外对文化贸易高质量发展的关键领域和重要因素，以及"一带一路"建设的进展，提出"一带一路"背景下推进中国对外文化贸易高质量发展的对策建议。本书的主要研究结论可归纳如下：

中国对外文化贸易在经历 2004～2014 年快速发展之后转入缓慢增长阶段，出口商品结构集中于附加值较低、文化内涵有限、创意偏少的手工艺品，而书籍和报刊、设计和创意服务的出口占比及贸易竞争力指数较低，存在明显的商品结构不合理的问题。这一问题进一步导致中国对外文化贸易长期处于全球文化价值链低端，缺少全球知名的文化品牌或文化 IP 产品，无法发挥文化品牌效应。中国如何突破逆全球化趋势实现对外文化贸易高质量发展，值得进一步探讨。

随着"一带一路"国际合作的推进，中国与"一带一路"沿线国家的文化贸易往来增多，中国对沿线国家的文化贸易出口呈现整体增长态势，文化贸易出口占比逐年提高，但文化贸易进口占比仍偏低；文化贸易产品集中于附加值及文化内涵较低的文化制造业领域，文化贸易伙伴则主要是文化相似性较高的东南亚国家，且与文化贸易互补性较高的国家存在一定的市场错配。总体而言，中国与"一带一路"沿线国家的文化贸易发展仍有较大提升空间，需进一步挖掘和整合中国丰富的文化资源，推进"一带一路"文化产业合作发展，优化文化贸易商品结构，增强与文化贸易互补性较高国家间的文化交流，重视文化贸易出口和进口的差异，分区域、有选择地拓宽文化贸易潜力市场，推动中华文化"走出去"。

中国文化产业参与全球价值链的程度总体偏低，且主要以简单参与的方式加入国际分工体系；但前向参与占比呈现增长态势，表明中国文化产业在内容创意、服务设计等核心环节的参与度和国际化程度日益提高。此外，凭借中国作为文化产业和加工贸易大国的优势，中国文化产业在全球价值链中具有一定的国际竞争力。

加强知识产权保护、提高文化企业生产率和增加国内文化消费是"一带一路"背景下推进中国对外文化贸易高质量发展的重要影响因素。主要体现在以下三个方面：一是知识产权保护与文化产业全球价值链提升之间存在非线性关系，且对不同类型文化行业、不同收入国家文化产业的影响存在明显异质性，应当制定与中国经济发展及文化产业水平相适应的知识产权保护制度。二是中国文化服务业企业的生产率总体偏低，仍处于初级发展阶段，且存在明显的省际异质性；文化投资效率的提高、产业结构的优化、文化消费的增加、文化基础设施的完善以及文化制造业的创新升级均有助于提高文化服务业企业全要素生产率。三是政府公共文化支出有助于增加国内文化消费，应优化公共文化财政支出结构，推动城乡公共文化服务和文化消费的均衡发展；加强文化服务供给，为居民提供多样化、个性化和富有创意的优质文化产品。

"一带一路"建设为中国对外文化贸易高质量发展带来新的重要机遇。本书认为，应重视对外文化贸易高质量发展对推动中华优秀文化"走出去"和提升中华文化影响力的重要意义，通过加强与"一带一路"沿线国家文化产业合作，优化文化贸易结构、加强知识产权保护、提升文化产业全球价值链、增强文化企业生产率和国际竞争力、促进国内文化消费等推进中国对外文化贸易高质量发展，更好地服务构建新发展格局和文化强国建设。

曾燕萍

2023 年 1 月 16 日

目　录
CONTENTS

第一章

导 论

第一节 研究的背景与意义

在全球化日益深化的当今,文化与经济、政治相互交融,文化与科技紧密结合,文化的重要性已得到政府、学界和社会的广泛关注。文化是一个国家、一个民族的灵魂。党的十八大以来,以习近平同志为核心的党中央高度重视文化建设,特别是把文化自信和道路自信、理论自信、制度自信并列为中国特色社会主义"四个自信"。党的二十大报告指出,全面建设社会主义现代化国家,必须坚持中国特色社会主义文化发展道路,增强文化自信,围绕举旗帜、聚民心、育新人、兴文化、展形象建设社会主义文化强国,发展面向现代化、面向世界、面向未来的,民族的科学的大众的社会主义文化,激发全民族文化创新创造活力,增强实现中华民族伟大复兴的精神力量。强调要加快构建中国话语和中国叙事体系,讲好中国故事、传播好中国声音,展现可信、可爱、可敬的中国形象。可见,在以文化为标志的新一轮国际竞争中,文化驱动力已成为与经济驱动力并重的影响一国经济持续增长和综合实力的重要因素。

在此背景下,国家和地区间的文化贸易迅速发展,并在全球贸易中表现出其重要地位。对于中国而言,随着中国文化产业的较快发展,中国对外文化贸易进程也逐渐加快,并取得一定成效。根据文化和旅游部统计数据,党的十八大以来,我国文化产业和旅游产业已经成为经济增长的新动力、新引擎,在促进国民经济转型升级、提质增效、满足人民美好生活需要方面,发挥了重要作用。其中,中国文化产品进出口连续多年保持顺差。2021 年,中国对外文化贸易额首次突破 2000 亿美元。文化产业和旅游产业博览会等平台作用不断凸显,国家对外文化贸易基地建设持续推进，更多优质文化和旅游企业走出国门。

与此同时，中国文化贸易发展仍存在诸多问题。一方面，中国无疑是文化资源大国，但远不是文化贸易强国，在国际文化贸易市场上，中国所占份额远不如欧美等发达国家的比重，且其中大部分是由低附加值、劳动密集型的文化硬件产品所贡献的。另一方面，文化产品是一国价值观念、行为准则等文化内涵的重要载体，但是中国对外文化贸易只是出口了文化产品，并没有传播价值，在讲好中国故事、传播中国声音、展现中国形象方面仍存在明显不足。此外，随着逆全球化趋势和贸易保护主义愈演愈烈，部分国家炒作的"中国威胁论"严重阻碍了中国文化贸易的持续增长，压制了中国文化贸易在全球文化市场上的发展空间。

2013 年，"一带一路"倡议的提出为推进中国文化贸易发展带来了重要契机。"一带一路"源于古老的丝绸之路，既有助于激活国内节点城市和沿线国家的经济发展活力，也为中国对外文化贸易发展带来了新的机遇。"一带一路"建设将产生可观的文化贸易"创造"效应。从短期来看，"一带一路"建设为云南、广西、新疆、西藏等位于西南地区且具有特色文化内容的节点城市的文化贸易发展提供了新契机；从长期来看，"一带一路"的推进将大大推动沿线各国基础设施建设，激活经济发展动力，发掘区域内市场的潜力，促进投资和消费，创造对文化贸易商品的需求。更重要的是，"一带一路"倡议不仅是经济发展之路，同时承载着沿线国家的文化记忆，成为沿线国家不同文化深入交融的融合剂，为提升中国对外文化贸易提供了有利平台。深层的文化认同加强了沿线国家对中国文化贸易商品背后理念的认可，有助于中国文化贸易从以文化制造为主向文化创意为主过渡，促进中国文化贸易价值链升级，助推中国文化"走出去"。

随着"一带一路"建设的推进，中外文化交流取得了丰硕成果。在"一带一路"合作框架下，文化和旅游部着力建立"一带一路"文化交流机制，夯实互联互通基础，丝绸之路国际剧院联盟、博物馆联盟、艺术节联盟、图书馆联盟、美术馆联盟相继成立。开展"一带一路"文化贸易与投资重点项目征集活动，培育了一批重点文化企业和文化项目，推动文化产业蓬勃发展。文化和旅游部相继印发了《文化部"一带一路"文化发展行动计划（2016–2020 年）》《动漫游戏产业"一带一路"国际合作行动计划》《文化部"一带一路"文化贸易与投资重点项目名单》等，进一步推进与"一带一路"沿线国家文化交流合作和文化贸易发展。

根据文化和旅游部统计数据，在文化和旅游部的推动下，一方面，更多国有企业及社会资本参与"一带一路"文化贸易当中。2018 年公布的文化部"一带一路"文化贸易与投资重点项目名单涉及范围广、领域宽，黑龙江、甘肃、广东等 24 个省份均有项目入选，覆盖面向"一带一路"沿线国家的文化投资和基础设施建设、数字文化产业营销推广、文化创意和设计产业营销推广、演艺工艺美术文化旅游等产业营销推广、文化装备营销推广、文化贸易人才培训、对外文化贸易服务平台建设七大领域。此外，中国与"一带一路"沿线国家和地区的对外文化贸易规模逐步扩大，特别是出版物、工艺美术品及收藏品、文化用品进出口额有较快增长。另一方面，中国与"一带一路"沿线国家积极开展文化交流与合作。其中，中国已与160多个国家签署了文化合作协定，签署文化交流执行计划累计超过800个，初步形成了覆盖世界主要国家和地区的政府间文化交流与合作网络。先后举办了中国—中东欧、中国—东盟、中国—欧盟等十余个文化年、旅游年。自2015年起，连续多年以"美丽中国—丝绸之路旅游年"为主题进行了一系列宣传推广，成功打造了"欢乐春节""丝路之旅""青年汉学研修计划""中华文化讲堂""千年运河""天路之旅""阿拉伯艺术节"等中国国际文化和旅游品牌。另外，还举办了丝绸之路（敦煌）国际文化博览会、丝绸之路国际艺术节、海上丝绸之路国际艺术节等以"一带一路"为主题的综合性文化节会。

那么，如何借助"一带一路"建设的契机，在以文化为标志的新一轮国际竞争中，实现中华文化的伟大复兴，使中国在政治上更有影响力、经济上更有竞争力、文化上更有感召力，具有重要的战略意义。在这一过程中，全面把握和分析中国文化贸易发展概况、明确中国文化贸易在世界格局中的地位、存在的主要问题、探讨中国与"一带一路"沿线国家文化贸易的发展特征、如何在"一带一路"背景下推进中国对外文化贸易发展等相关问题很有必要。

据此，本书重点梳理了中国文化产品贸易的发展现状、主要问题，中国与"一带一路"沿线国家文化贸易竞争互补关系，以及中国文化产业在全球价值链中的地位与国际竞争力；在此基础上，从文化产业价值链、文化生产、文化消费等视角分析了影响中国对外文化贸易高质量发展的关键领域和重要因素，进而提出"一带一路"建设中推进中国对外文化贸易发展的对策建议。本书对于提升中国文化贸易发展，推动中国文化"走出去"具有重要的理论价值和现实意义。主要体现在以下三个方面：

（1）**系统梳理中国文化贸易发展现状及主要问题**。本书基于联合国商品贸易数据库等，从规模发展、细分产品结构、贸易竞争力等视角客观分析了中国文化贸易发展的总体格局以及中国与"一带一路"沿线国家文化贸易发展特征及竞争互补关系，剖析当前中国文化贸易发展存在的主要问题，并重点梳理中国文化产业在全球价值链中的地位及竞争力，为促进中国文化贸易高质量发展提供事实基础。

（2）从文化产业全球价值链、文化生产、文化消费视角探讨影响中国文化贸易高质量发展的重要因素。在梳理中国对外文化贸易发展现状的基础上，本书重点从文化产业全球价值链、文化生产、文化消费视角实证检验了影响中国文化贸易发展的关键领域和重要因素，发现影响文化企业全要素生产率的主要因素，指出知识产权保护、国内文化消费对促进中国文化贸易高质量发展的重要性。

（3）提出"一带一路"背景下推动中国文化贸易发展的对策建议。结合中国文化贸易发展基本现状、存在的主要问题，以及影响中国文化贸易发展的关键领域和重要因素，本书重点提出"一带一路"背景下推进中国文化贸易发展的路径和对策建议。

第二节　研究现状及评述

根据现有的研究成果，本节主要涉及中国对外文化贸易发展现状及存在的主要问题、"一带一路"背景下中国对外文化贸易发展以及文化产品贸易发展影响因素三大方面的相关文献。

一、中国对外文化贸易发展现状及存在的主要问题

国内学者最早关注的是版权贸易，其中以图书版权贸易为主，至21世纪初有关图书版权贸易现状的研究，几乎构成了中国文化贸易研究文献的全部。21世纪以来，有关中国图书版权贸易现状、问题及对策的研究，在文化贸易研究文献中所占比重最大（李嘉珊，2012）。随着研究的不断深入，相关文献也从图书版权扩展到包括图书版权在内的新闻报刊、音像制品、广播影视作品、计算机软件以及网络游戏、动漫作品的版权贸易等各个领域。这一时期的文献，不仅对中国版权贸易现状进行了总结，而且对存在的问题及其原因开展了多层面的分析。姚德权和赵洁（2007）以及包温慧和邓志龙（2007）对2006年以前国内版权贸易研究进行了综述。王清和杨威（2010）则对"十一五"时期中国图书版权引进与输出研究现状进行了综述。

从文化贸易整体视角进行研究的国内文献出现在中国加入世界贸易组织（WTO）之后（李怀亮，2002）。2003年9月，文化部制定下发了《关于支持和促进文化产业发展的若干意见》。2004年4月，国家统计局发布了《文化及相关产业分类》以后，国内文化贸易研究进入快速发展期。众多研究表明，文化贸易在中国对外贸易中的地位较低，占世界文化贸易份额较小，文化贸易缺

少"明星"企业和品牌产品（彭育园，2006；张海涛等，2007；张文镔和李雅，2017）；文化产品出口结构单一，国际营销手段落后，贸易渠道狭窄（蒋晓梅，2007）；由于文化信息传播渠道和影响力不够，使中国文化贸易存在结构性劣势、品牌劣势和外部认知性劣势（王学成和郭金英，2007）；文化服务贸易严重落后于文化产品贸易，文化产业外向国际化刚刚起步（赵有广和盛蓓蓓，2008；杨文兰，2011）；由于文化出口中重产品形式、轻产品内容，导致文化出口产品附加值和利润率低（梓豪，2009；魏鹏举等，2017）；中国文化出口贸易中的文化折扣度高，国际竞争力弱（魏雪莲，2009；王丽丽，2011）；中国文化贸易主要与收入水平差距较大的国家或地区进行（霍步刚，2008；黄娟，2009）。在对中国对外文化贸易增长、贸易差额、贸易结构、贸易主体和贸易市场现状的研究方面，由于中国缺乏完整的文化贸易统计数据，绝大多数文献主要基于国家版权局发布的版权贸易数据进行分析，因此，得出的研究结论与前文对版权贸易现状研究得出的结论基本一致（李清亮，2009；孙海鹊，2011；张抒，2011）。

2015 年，商务部、中央宣传部、文化和旅游部、海关总署、国家统计局等 7 部门首次发布《文化产品和服务进出口统计目录》。得益于文化贸易统计框架的确定以及统计数据的可获取性，国内学者更加聚焦于中国对外文化产品和服务贸易的整体分析。张文镔和李雅（2017）从文化贸易总体情况，文化产品、文化服务进出口结构对中国对外文化贸易发展进行了全面分析，发现中国文化贸易存在进出口不平衡、劳动密集型产品占比过大、文化服务进出口贸易及文化服务进出口种类不平衡等问题。邹波（2021）则从中国对外文化贸易发展阶段、贸易主体、贸易产业、贸易渠道等视角梳理了自公元前 221 年以来中国对外文化贸易发展的特征变化，提出中国对外文化贸易发展先后经历了中外物品交换的贸易起始阶段、以文化交流与物品交换为基础的贸易扩大阶段、以文化交流与非物质创造为主的贸易发展阶段，以及当前所处的多元化、数字化、科技化凸显下的中外文化贸易发展新阶段，且贸易主体、贸易产业和贸易渠道均呈现由单一到多元的发展趋势。何传添等（2022）利用 2000~2020 年世界部分国家文化产品和服务贸易的相关数据，从贸易规模、商品结构、贸易竞争力水平等方面比较分析了中国文化贸易发展现状，发现 21 世纪以来中国文化贸易发展已取得明显成就，贸易规模扩大较快、结构优化明显、文化产品整体贸易竞争力也较强，贸易竞争优势主要体现在高耗能低附加值的文化产品上，而知识技术密集型的核心文化产品和文化服务贸易逆差较大、贸易竞争力较弱。

2020 年以来，中国对外文化贸易进出口额均出现了小幅下降，中国对外文化贸易发展面临新的风险挑战，亟须寻找新的发展动力和发展机遇（李嘉珊和刘霞，2021；李小牧和李嘉珊，2022）。部分学者也探讨了中国文化贸易高质量发展的路径措施。如皇甫涛（2021）从数字化视角梳理了中国文化贸易高质量数字化发展的基本现状，指出中国文化贸易数字化发展存在数字贸易壁垒较高、知识产权保护力度不够、文化企业对数字技术缺乏关注以及在国际数字贸易规则制度体系中参与度不高等问题。

总体而言，国内外学者对中国文化贸易发展现状及主要问题的研究，已从起初简单的历史数据分析和对版权贸易现象的定性描述，逐步转向国际数据比较基础上的实证研究，对中国文化贸易发展现状、特征及主要问题的认识更加全面和深入。尽管不同学者对文化贸易概念、文化贸易分类及统计范围的界定不统一，在研究过程中也采用了不同来源的文化贸易数据，但已有文献得出的基本结论——"中国文化贸易发展已取得明显进展，但仍存在劳动密集型产品占比过大，文化服务贸易处于逆差地位"得到了广泛认可。与此同时，越来越多的学者开始关注和探讨中国文化贸易高质量发展的相关问题。

二、"一带一路"背景下中国对外文化贸易发展

"一带一路"倡议自提出以来，迅速成为学术界的研究热点，有关"一带一路"与"文化贸易"的研究日益增多。

在定性研究方面，花建（2015）强调应结合国家"一带一路"倡议，准确把握中国对外文化贸易发展的目标国家，国内保持向东开放的传统优势，大力探索向西、向南、向北开放的新市场。李嘉珊和任爽（2016）指出，文化产业国际合作是"一带一路"互联互通建设的重要领域，"一带一路"建设为发展文化贸易提供了良好契机。方伟洁（2018）则指出，"一带一路"倡议为中国对外文化贸易发展提供了崭新的合作平台、技术平台、市场平台和资源平台。

在实证研究方面，多数学者探讨了中国与"一带一路"沿线国家的文化贸易发展现状、主要特点、贸易互补程度，比较分析贸易竞争力大小。其中，方英和姚君丽（2017）从双边贸易额、主要贸易伙伴、贸易依赖度、出口产品结构、进口产品结构等方面全面梳理了中国与"一带一路"沿线65个国家和地区文化创意产品贸易的发展格局。曾燕萍（2020）则基于联合国教科文组织对文化贸易的界定和统计，从贸易规模、商品结构、市场特点等角度分析了中国与"一带一路"沿线61个国家和地区文化核心产品贸易的总体格局和主要特征，并利用贸易互补性指数定量测算了中国与"一带一路"沿线国家文化进出口贸易的互补关系。陈柏福和刘莹（2021）利用国际市场占有率、TC指数、RCA指数和SRCA

指数定量测算并比较研究了中国与"一带一路"沿线 12 个国家的文化贸易竞争力水平。研究发现，相较而言，中国核心文化产品出口所占世界市场份额比重相对较大，净出口能力较强，但总体文化贸易竞争力不强，显示性比较优势并不明显，与"一带一路"沿线国家存在较大的贸易互补和合作空间。此外，陈乔和程成（2018）利用社会网络分析法定量分析了"一带一路"沿线 66 个国家的文化贸易空间关联网络结构特征，发现中国、印度、泰国、俄罗斯等国家已成为"一带一路"文化贸易网络中心，且沿线国家形成了六大文化贸易"朋友圈"。针对中国与"一带一路"沿线国家的文化贸易发展特征及存在的主要问题，学者普遍提出了加大文化产品内容创新力度、加强与"一带一路"沿线国家文化交流合作、完善政策支持体系等促进中国文化贸易高质量发展的对策建议。

部分学者将"一带一路"沿线国家作为研究样本，实证检验文化产品贸易的影响因素或贸易潜力。胡燕和章珂熔（2017）基于"一带一路"沿线国家的文化产品贸易数据，利用面板数据固定效应模型实证发现，文化距离对文化产品贸易规模产生非线性影响。范兆斌和黄淑娟（2017）利用随机前沿贸易引力模型，进一步实证检验了文化距离对文化产品贸易效率的影响，发现文化距离与文化产品贸易效率存在倒"U"形关系。此外，文化产品贸易效率还与进口国知识产权保护、金融自由度、自贸协定、政府效率等政策性因素密切相关。方英和马芮（2018）同样利用中国与"一带一路"沿线国家的文化贸易数据和随机前沿引力模型，整体研究了中国文化产品出口的影响因素，并定量测算了中国与"一带一路"沿线国家的文化产品出口潜力。研究发现，经济规模、贸易便利化程度对文化贸易发展具有促进作用，而地理距离、文化距离阻碍文化贸易发展。赵平和邬鹏（2021）从出口贸易成本视角实证检验了中国与"一带一路"沿线国家双边文化贸易的影响因素，认为进口国政府治理有效性、文化距离、地理位置是阻碍中国文化产品出口的重要因素。

三、文化产品贸易发展影响因素

文化产品不同于普通的商品，其本身具有"双重属性"特征，即商品属性和文化属性，因此对于文化产品贸易而言，除了传统的地理距离、国家规模效应、共同边界等因素外，一些反映文化属性、文化差异的变量对贸易额的影响也得到了国内外学者的广泛关注。

国外学者较早将文化差异作为一种宽泛意义上的交易成本直接引入引力模型框架进行研究，即除了地理距离体现的贸易成本外，利用共同语言与殖民联系的虚拟变量来反映贸易国间的文化差异，但 Tadesse 和 White（2010）通过对美国和加拿大、墨西哥间的贸易关系分析发现，上述这些所谓的交易成本变量并不能完全解释文化差异所带来的影响。正如 Deardorff（2004）所说，区别于传统的可观测变量，一些无法直接观测的"文化因素"变量同样对贸易产生了抑制效应。而这些无法直接观测的影响因素中，反映两国间文化差异的文化距离（Hofstede，2001）和一国消费者对于他国文化产品的消费成瘾性特征（Schulze，1999）对文化产品贸易有着显著作用。

现有文献关于文化距离指标的构造通常有三种思路：一是利用世界价值观调查（WVS）或欧洲价值观调查（EVS）数据，选取价值准则、行为准则、服从性等指标维度，配以不同的权重来构造文化距离指标（Tadesse and White，2010；Maystre and Olivier，2005）；二是 Inglehart 和 Baker（2000）通过传统与世俗行为、自我生存与自我表现两个综合维度构造的文化距离指数；三是 Hofstede（1991，2001）利用横跨 50 个国家的 117000 名 IBM 员工调查数据，从权力距离、不确定规避、个人与集体主义、男性气质、长期取向、放纵与克制六个文化维度构造的文化距离指数。这些文化距离指标的构造，尽可能地体现了样本国居民所共享的传统习惯、信仰、风俗、行为准则以及价值观，更好地反映了国家间的文化差异。

值得注意的是，在利用文化距离进行具体的实证研究中，却有着不一致的结论：Tadesse 和 White（2007）、Linders 等（2005）、Boisso 和 Ferrantino（1997）发现，较大的文化距离对贸易存在着抑制效应，增加贸易成本，减少双边文化贸易额；而 Guiso 等（2005）利用 16 个欧洲国家 1970~1996 年的数据，从企业角度研究发现，较大的文化距离反而会促进贸易的发生。出现这一结果的一个重要原因就是对文化距离变量内生性问题的忽视，就目前文献来看，并没有一个恰当的、构造合理的文化距离工具变量出现，Maystre 等（2008）依据 World Economic Survey 数据构造了用以反映国家间文化相似度的指标，但后来的研究发现，该指标消除文化变量内生性影响的效果并不十分有效；Disdier 和 Mayer（2010）在对商品总贸易的研究中使用已发生的文化贸易额作为双边文化距离的工具变量，发现文化贸易额用以反映双边文化距离是一种有效的手段。另一个影响文化产品贸易的主要因素就是文化产品消费具有的成瘾性特征，即消费者对于某种文化产品产生的依赖性和消费持续性，例如，对于某类音乐的偏爱、某种风格电影的欣赏、某类艺术品的鉴赏等，不仅会持续增加这种所熟知的文化产品的消费，而且会排斥其他替代性的文化产品，这也是文化产品拥有的重要特质之一。Schulze（1999）在新贸易理论框架下研究了贸易国间艺术品消费的成瘾性特征，发现艺术品如同 Tuscany 的红酒、法国的奶酪一样会由于消费习惯而产生依赖效应，进而增加了下期艺术品贸易额。因此，那些文化贸易额有限的国家之间由于不能积累足够的"文化消费资本"（cultural consumption capital），因而无法提升对彼此产品的"鉴赏"能力，进而抑制了文化产品贸易的发生。

随着中国文化产品贸易的快速增长，越来越多的国内学者基于中国文化产品贸易数据探讨文化产品贸易的影响因素。曲如晓和韩丽丽（2010）是国内较早利用文化贸易面板数据和贸易引力模型，实证检验中国文化商品贸易影响因素的文献。研究发现，经济规模、居民购买力、科技水平、关税水平、自贸协定、进出口通关时间等贸易便利化程度与文化贸易发展呈正相关关系，而地理距离、文化距离阻碍文化贸易发展。李怀亮（2016）则定性探讨了影响中国文化产品出口的主要因素，具体包括国内市场规模、文化差异和文化距离、技术条件、经济发展水平。此后，多数学者基于贸易引力模型和不同年度的文化贸易面板数据，实证探讨了文化产品贸易的影响因素，均得出了"经济规模、科技发展水平、贸易便利化能够促进文化贸易的发展，而地理距离、文化距离阻碍文化贸易发展"的基本结论（周升起和吕蓉慧，2019，2020；万永彬，2019；赵平和邬鹏，2021）。

四、文献评述

已有文献对中国文化产品贸易发展现状、主要特征、存在的问题、影响因素，以及中国与"一带一路"沿线国家文化贸易竞争互补关系进行了较为丰富的探讨。但针对文化贸易全球价值链，以及从微观文化企业、文化消费等视角实证检验影响中国文化产品贸易高质量发展的关键领域和重要因素的研究不多。因此，本书在全面梳理中国文化贸易发展现状、主要问题，中国与"一带一路"沿线国家文化贸易竞争互补关系以及中国文化产业全球价值链地位与竞争力的基础上，从文化产业全球价值链、文化企业全要素生产率以及文化消费视角实证研究影响推进中国文化产品贸易高质量发展的关键领域和重要因素，进而提出"一带一路"背景下推进中国文化产品贸易高质量发展的对策和建议。

第三节　研究内容与框架

本书旨在探讨"一带一路"背景下推进中国对外文化贸易高质量发展的路径和对策建议。为此，本书在系统梳理文化贸易产品基本概念、国内外分类与统计框架及相关理论的基础上（第二章），首先，从中国文化贸易发展总体格局与主要问题、中国与"一带一路"沿线国家间文化贸易现状及互补关系、中国文化产业在全球价值链中的地位及竞争力三个方面剖析了中国对外文化贸易发展的基本事实（第三至第五章）；其次，从文化产业全球价值链、文化生产和文化消费三个角度实证研究影响中国文化产品贸易高质量发展的关键领域和重要因素（第六至第八章）；最后，结合中国对外文化贸易发展的基本事实、影响中国文化产品贸易高质量发展的关键领域和重要因素，以及"一带一路"建设的进展，提出"一带一路"背景下推进中国对外文化贸易高质量发展的对策和建议（第九章）。

本书的内容主要包括九章：

第一章为导论。本章包括研究的背景与意义、研究现状及评述、研究内容与框架、主要创新点及不足四小节内容，重点阐述了本书研究的理论价值和现实意义，从中国对外文化贸易发展及主要问题、"一带一路"背景下中国对外文化贸易发展，以及文化产品贸易发展影响因素三大方面梳理和评述了国内外已有文献。

第二章为文化产品的界定统计及理论基础。本章包括文化产品的基本概念、文化产品统计框架、文化产品贸易的理论基础三小节内容，重点分析了文化产品的属性特征及其界定，梳理我国制定的文化产品分类与统计框架《文化及相关产业分类》《文化产品进出口统计目录》，以及联合国教科文组织制定的《2009年联合国教科文组织文化统计框架》，探讨西方主流国际贸易理论对文化产品贸易的解释。

第三章为中国对外文化贸易的发展现状及主要问题。本章包括中国文化产品贸易发展规模、中国文化产品贸易商品结构、中国文化产品贸易的国际竞争力、当前中国文化产品贸易发展存在的问题四小节内容。基于联合国商品贸易数据库的相关数据，从贸易规模、商品结构、国际竞争力等方面定量分析了2011~2020年中国对外文化贸易发展的总体格局，并据此梳理出当前中国文化产品贸易发展存在增速放缓、商品结构失衡、文化内容创新不足、文化产业处于全球价值链低端、区域发展不平衡等主要问题。

第四章为中国与"一带一路"沿线国家文化贸易发展特点及贸易互补关系。本章包括"一带一路"倡议对中国对外文化贸易发展的意义、中国与"一带一路"沿线国家文化贸易发展特征、中国与"一带一路"沿线国家文化贸易互补性测度三小节内容。重点从文化贸易规模、文化贸易商品结构、贸易伙伴三个方面系统梳理了中国与"一带一路"沿线66个国家的文化贸易发展特征，在此基础上，进一步测算了中国与沿线国家文化贸易互补关系，探究了文化贸易未来合作空间和发展潜力。

第五章为中国文化产业在全球价值链中的地位及竞争力——基于生产分解模型的测度。本章包括引言，相关文献综述，全球价值链测度指标和数据说明，中国文化产业参与全球价值链的程度、位置及竞争力四小节内容，基于世界投入产出数据及新近发展的生产分解模型，从前向联系和后向联系两个维度，定量测算了 2000~2014 年中国文化产业的全球价值链参与度、生产链长度、所处位置及显性比较优势。

第六章为知识产权保护对文化产业全球价值链提升的影响及作用机制。本章包括引言、文化产品知识产权保护的相关文献综述、变量说明及数据来源、知识产权保护影响文化产业全球价值链的实证研究、中国的情况五小节内容，基于 2000~2014 年 42 个国家的面板数据，重点从文化产业全球价值链视角，实证研究了知识产权保护对印刷业和记录媒介复制业、出版业、电影录像和电视节目制作业三种类型文化行业全球价值链的影响，并进一步探讨了这一影响是通过前向关联全球价值链活动还是后向关联全球价值链活动产生，以及知识产权保护对不同收入水平国家文化产业影响的异质性、知识产权保护对中国文化产业发展的影响。

第七章为中国文化服务业企业全要素生产率变动及其影响因素研究。本章包括文化企业生产效率的相关文献综述、文化企业生产率测度方法与数据说明、中国文化企业全要素生产率变动及其异质性、中国文化企业全要素生产率变动的影响因素四小节内容。重点从文化企业生产率视角，利用 DEA-Malmquist 指数法定量测算中国文化服务业企业全要素生产率，重点考察文化服务业企业全要素生产率变化、增长动因、省际异质性及其与文化制造业的差异，并实证检验影响文化企业全要素生产率变动的主要因素，进而从文化生产角度提出了中国对外文化贸易高质量发展的对策和建议。

第八章为政府公共文化支出对家庭文化消费的影响研究——基于中国家庭追踪调查的分析。本章包括引言、文化消费影响因素的相关文献综述、模型设定与变量说明、政府公共文化支出影响家庭文化消费的实证检验、异质性分析五小节内容。基于中国家庭追踪调查（CFPS）2014 年和 2016 年的家庭经济数据，重点从文化消费视角，利用 Tobit 模型实证检验政府公共文化支出对家庭文化消费的影响，以及该影响在城镇和农村家庭、不同收入水平家庭中表现出的异质性。

第九章为"一带一路"背景下推进中国对外文化贸易高质量发展的对策和建议。本章包括推进"一带一路"文化产业合作发展、优化文化贸易结构、打造中国特色的文化品牌、加强知识产权保护，提升文化产业全球价值链地位、提高文化企业生产率和国际竞争力、促进国内文化消费六小节内容。本章基于前文对中国对外文化贸易发展主要特征和存在的问题、中国与"一带一路"沿线国家文化贸易发展竞争互补关系以及影响中国对外文化贸易高质量发展的关键领域等的探讨和分析，结合 2022 年 7 月商务部等 27 个部门联合印发的《关于推进对外文化贸易高质量发展的意见》中的 28 项具体任务举措，从推进"一带一路"文化产业合作发展、优化文化贸易结构、打造中国特色的文化品牌、加强知识产权保护、提高文化企业生产率和国际竞争力、促进国内文化消费等视角提出了"一带一路"背景下推进中国对外文化贸易高质量发展的对策和建议。

第四节　主要创新点及不足

本书重点探讨了"一带一路"背景下推进中国对外文化贸易高质量发展的可能路径和对策建议。主要创新点体现在以下两个方面：

（1）研究视角新颖，全面探讨"一带一路"背景下中国对外文化贸易高质量发展。中国对外文化贸易在贸易规模上已取得显著成就，但存在市场不平衡、产品附加值低、文化壁垒严重等问题，导致中国对外文化贸易发展的"大而不强"。本书既全面梳理了中国与"一带一路"沿线国家文化贸易发展的现状及互补关系，又从文化产业全球价值链、文化企业生产率、文化消费三个视角探讨了影响中国对外文化贸易高质量发展的关键领域和重要因素，为推进中国对外文化贸易高质量发展提供了重要的、全面的事实依据和理论基础。

（2）侧重对中国文化产业全球价值链的研究。文化产业全球价值链的升级是中国对外文化贸易高质量发展的重要方面。本书基于全球投入产出表数据和生产分解模型，定量测算中国文化产业在全球价值链中的地位和竞争力水平，并实证检验了知识产权保护对文化产业全球价值链的影响，深入探讨了文化产业全球价值链的相关问题。

本书的不足之处主要是由于全球投入产出表仅统计了印刷业和记录媒介复制业、出版业、电影录像和电视节目制作业三类文化行业的数据，因此只能以这三个行业为代表探讨文化产业全球价值链的相关问题。此外，由于无法获取 2014 年之后的全球投入产出表数据，本书仅实证检验了知识产权保护对文化产业全球价值链的影响。

第二章

文化产品的界定统计及理论基础

文化产品的界定，决定着文化产品分类标准的差异。统一文化产品的界定、分类以及文化统计框架是研究对外文化贸易相关问题的基础。本章就本书研究涉及的文化产品、核心文化产品、相关文化产品等基本概念进行界定，并对比分析国内外获取文化贸易相关数据所使用的文化统计框架，以确定本书研究框架下文化贸易产品的统计范围；在此基础上，系统梳理西方主流贸易理论对文化产品贸易的解释。

第一节　文化产品的基本概念

一、文化产品属性特征

文化产品本身具有双重属性特征，即商品的经济属性和凝结了文化内涵特征的艺术属性。就文化产品的艺术属性而言，所有的文化产品和服务都含有创造性和艺术成分。文化产品的属性特征决定了形态的复杂性，有的文化产品是有形的、有的是无形的；有的是最终消费产品、有的是中间投入品；有的是耐用消费品、有的是即时消费品。同时，有些是独一无二的文化产品，它们通过仅有的一次创造性步骤完成生产，不具有规模经济；有些是可复制的文化产品，它们的生产经过创意和复制两个阶段。当然，文化产品也有着外部性特征和公共物品属性，文化产品的外部性是指某一个体的文化产品消费活动对其他个体的消费群体所产生的间接影响，并且这种影响对其他个体所造成的损失或收益均不能通过市场交易价格来反映，表现为公共产品的外部效应。根据文化产品不同的消费属性又可将其分为公共品、准公共品和私人品，以非排他性和非竞争性为依据对文化产品剖析，是阐述政府干预文化产品供给的重要理论基础。

同时，文化产品的形态也有着一定的复杂性。Grasstek（2005）认为，"文化的'实体'可被定义为能生产或分配物质资源的产品和服务，这些产品和服务能通过音乐、文学、戏剧、喜剧、文档、舞蹈、绘画、摄像和雕塑等艺术形式娱乐大众或激发人们思考。这些艺术形式，有的能以现场表演的方式（如音乐厅和舞台剧）展示给大众，有的却是先被存储记录下来（如在压缩光盘里）再进行传播"。也有的学者认为，文化产品的形态存在着"硬件"与"软件"之分，文化硬件主要是指一些器物工具和物态载体，主要用来生产、储存、传播文化内容，如艺术创造和表达的工具、娱乐器材、摄影器材、游戏等；文化软件则指的是包含了具体的、凝结了艺术创造性的内容产品和服务，诸如广电节目、电影和动画片等视听节目、印刷出版物、表演艺术、娱乐、会展等。

二、文化产品的界定

在已有文献中，从经济学视角下对于文化产品的研究并不丰富。尽管Throsby（2001）、Hesmondhagh（2002）分别对这一领域进行了较为全面的探讨，但其重点在于文化经济学框架的研究以及对文化产业的分析，微观层面的文化产品并未过多地进行论述。

事实上，对于文化产品本身的定义，文献中尚未形成一个统一的范畴，不同的学者从不同的立足点出发，其界定方式也存在差别，甚至在不同的国别和地区，对于文化产业的称呼定义也并不相同。欧盟称为内容产业，英国、澳大利亚等地区称为创意产业，美国称为版权产业等，特别是近年来文化创意产业的提法也较为常见。实际上，许多国家提及的"创意"产业，其产业创意"领域"中并不一定都具有创造性，创意的定义和测量本身就存在着巨大争议，通常，创意产业涵盖的范围比传统的艺术领域更广，例如，它还包括所有的信息和通信技术行业或者研发活动。

对于文化产品不同的定义方式，是由于学者们研究的视角不同而形成的，本身并无"孰优孰劣"之分。但从经济学规范研究的需要来讲，一个合适的文化产品的定义应该能够用于统计目的，便于数据的采集并具有可比性，能够使其应用于直接计量系统。

因此，目前学术界普遍接受的一个定义来自联合国教科文组织（UNESCO）

发布的《2009 年联合国教科文组织文化统计框架》(The 2009 UNESCO Framework for Cultural Statistics，FCS)，在这一框架性文件中，文化产品被定义为"传播思想、符号和生活方式，并能够提供信息和娱乐进而形成群体认同、影响文化行为的消费品"。该框架进一步将文化产品分为文化和自然遗产、表演和庆祝活动、视觉艺术和手工艺、书籍和报刊、音像和交互媒体、设计和创意服务六大类 [①]。

　　其中，文化和自然遗产包括博物馆、考古和历史遗迹（包括考古遗址和建筑物）、文化景观和自然遗产，例如，历史文物、纪念馆、建筑群、遗址等，文化和自然遗产具有象征价值、历史价值、艺术价值、审美价值、人种学或人类学价值、科学价值和社会价值等多元化价值。

　　表演和庆祝活动包含所有形式的现场文化活动，既涉及戏剧、舞蹈、歌剧和木偶戏等专业表演活动，也包括节日、盛会和庙会等地区性或非正式性的文化庆祝活动。此外，所有形式的音乐都属于音乐这一领域，涉及现场的或者是录制的音乐演出、音乐创作、音乐录制、数字音乐（包括下载和上传活动）和乐器。

　　视觉艺术和手工艺包括绘画和雕刻等美术创作、手工艺和摄影，以及商业艺术馆等，其中的手工艺既可以是纯手工制作，也可以借助于工具或借助于机械手段完成。视觉艺术和手工艺具有实用性、审美性、艺术性、创造性、附属于文化、装饰、功能、传统、具有宗教和社会象征意义。根据使用材料的不同，手工艺品又被进一步划分为六大类：篮筐 / 柳条制品 / 植物纤维制品；皮具；金属器皿；陶器；纺织品和木制品。

　　书籍和报刊包括书籍、报纸和期刊等各种形式的出版物。考虑到电子或虚拟出版形式的兴起，网络报纸、电子书以及书籍和报刊材料的数字化发行也属于书刊和报刊领域。此外，还包括实体或虚拟图书馆及图书博览会。

　　音像和交互媒体包括电台和电视广播（包括互联网直播）、电影和视频及交互媒体。交互媒体指电子游戏和一些主要通过网络或计算机实现的新型文化表现形式，涉及网络游戏、门户网站以及跟社交网络相关的（如 Facebook 网站）和网络播放相关的（如 YouTube 网站）活动网站。

　　设计和创意服务指对物体、建筑和景观进行创意、艺术和审美设计所产生的活动、产品和服务，包括时装设计、平面造型设计和室内设计、园林设计、建筑服务和广告服务。

---

① http://uis.unesco.org/sites/default/files/documents/unesco-framework-for-cultural-statistics-2009-ch.pdf.

第二节 文化产品统计框架

当前，文化产品统计存在着统计口径不一、范围多样等问题，有必要明确本书研究所使用的文化产品分类及文化统计框架。国内对文化行业和文化产品相关的统计主要依据国家统计局印发的《文化及相关产业分类》以及商务部等部门联合制定的《文化产品进出口统计目录》。国际上较为认可的则是联合国教科文组织发布的《2009 年联合国教科文组织文化统计框架》(The 2009 UNESCO Framework for Cultural Statistics，FCS)。

一、文化产品分类原则

文化产品的定义和分类直接影响文化产品的统计，由于文化产品的定义和分类很多，因此，统计指标也有很多差异。要有效地测量文化领域，并确定哪些范畴属于文化领域以及哪些不属于文化领域，就必须先规定文化领域的范围，也就是说必须以文化表现形式作为划分领域的基础，这样才能较为有效地衡量产业和非产业流程中生产的文化活动、产品和服务。原因在于，文化产品和服务具有艺术价值、审美价值、象征价值和精神价值；文化产品和服务的特征不同于其他产品，因为它们的价格体系与欣赏价值或娱乐价值是紧密联系的，而且它们还具有不可复制性（Throsby，2001)。文化产品传递着思想、象征意义和生活方式，有些产品还受到版权限制。文化服务本身并不代表物质文化产品，却能促进它们的生产和分配。例如，文化服务包括授权活动和其他与版权相关的服务、音像产品销售活动、艺术和文化演出宣传以及文化信息服务和（图书馆、文献中心、博物馆）收藏书籍、唱片、艺术品的活动。文化活动的表现形式或传递文化的方式，与它们可能存在的商业价值无关，这些活动本身就是终点，也可能继续推动文化产品和服务的生产（UNESCO，2005)。

就目前而言，世界范围内并无统一的文化统计框架，无论是联合国教科文组织、联合国贸发会议等国际组织，还是加拿大、英国、澳大利亚等文化产业发达国家，其制定和执行的统计框架之间也无法确保文化产品数据的可比性和统一性。究其原因，主要有以下三个方面：

（1）文化的生产和分配同时存在于正规和非正规的经济领域和社会领域，发达国家和发展中国家都有着非正规的文化生产。

（2）文化生产和传播的资金和管理存在三个来源：①公共资金，主要来自政府和公共机构，包括直接（补贴和拨款）或间接（免税）两种形式；②私人来源，来自于资本市场的融资；③非营利性组织和捐赠。由于各国的公共财政结构（集中化和分散化）和采用的方法不尽一致，导致数据对比极其困难[①]。

（3）文化同经济和社会的关系是很难割裂的，许多文化要素，包括市场范围之外的要素，只能依靠参与度、时间的使用或者社会资本等指标进行追踪和测度。

二、中国对外文化贸易统计体系

（一）国家统计局制定的《文化及相关产业分类》

2004年，为贯彻落实党的十六大关于文化建设和文化体制改革的要求，推动我国文化体制改革，发展社会主义文化事业，建立和培育社会主义文化市场，界定和规范我国公益性文化活动和经营性文化活动提供参考与借鉴，为当前的社会主义文化建设、文化管理和文化统计提供科学、系统、可行、统一的范围与定义，我国国家统计局根据《国民经济行业分类》（GB/T 4754–2002），制定了《文化及相关产业分类（2004年版）》。这是国内最早关于文化产业分类的官方统计框架。根据该分类标准，文化及相关产业是指为社会公众提供文化、娱乐产品和服务的活动，以及与这些活动有关联的活动的集合，主要包括文化产品制作和销售活动，文化传播服务，文化休闲娱乐服务，文化用品生产和销售活动，文化设备生产和销售活动，相关文化产品制作和销售活动。

随着许多不同定义和测量文化方法的出现，以及社会和技术的进步逐渐改变文化在整个世界中的地位。我国国家统计局也在不断修改和完善《文化及相关产业》统计框架，根据《国民经济行业分类》（GB/T 4754–2017），同时结合联合国教科文组织发布的《2009年联合国教科文组织文化统计框架》，先后修订形成《文化与相关产业分类（2012年版）》和《文化及相关产业分类（2018年版）》。现行统计标准适用《文化及相关产业分类（2018年版）》。根据最新分类标准，文化及相关产业范围进一步拓宽，具体是指为社会公众提供文化产品和文化相关产品的生产活动的集合，包括以文化为核心内容，为直接满足人们的精神需要而进行的创作、制造、传播、展示等文化产品（包括货物和服务）的生产活动；以及为实现文化产品的生产活动所需的文化辅助生产和中介服务、文化装备生产和

---

① UNESCO文化支出和财政特别工作组承认，获取有关欧洲国家在文化上的公共支出数据，并确保数据的可比性和统一性的确非常困难（European Commission，2001）。

文化消费终端生产（包括制造和销售）等活动。

《文化及相关产业分类（2018年版）》将文化及相关产业划分为9大类、43个中类、146个小类。其中，01~06大类为文化核心领域，具体包括新闻信息服务、互联网信息服务、创意设计服务、文化传播渠道、文化投资运营和文化娱乐休闲服务。07~09大类为文化相关领域，具体包括文化辅助生产和中介服务、文化装备生产和文化消费终端生产。具体分类情况如附表1所示。

《文化及相关产业分类》是目前国内官方为文化及相关产业统计制定的较为统一的定义和范围，但是该分类侧重从产业层面进行统计，没有对文化产品进行更为细致的说明，也没有给出文化产品的贸易统计代码。因此，本书研究无法使用我国国家统计局发布的《文化及相关产业分类》中的统计框架。

（二）商务部等部门联合制定的《文化产品进出口统计目录》

为落实国务院2014年制定的《关于加快发展对外文化贸易的意见》中关于加强对外文化贸易统计工作的要求，商务部、中宣部、文化部（现为文化和旅游部）、新闻出版广电总局、海关总署在2015年联合制定了《对外文化贸易统计体系（2015年版）》，形成《文化产品进出口统计目录（2015年版）》和《文化服务进出口统计目录（2015年版）》。该目录充分结合国家统计局制定的《文化及相关产业分类（2012年版）》和海关总署《商品名称及编码协调制度（2015年版）》，涵盖了更广范围的文化产品和文化服务类别。

2022年，为适应文化产业和文化贸易发展的新形势新变化，进一步提升文化贸易统计的科学性和可操作性，结合国家统计局《文化及相关产业分类（2018年版）》及世界海关组织2022年版《商品名称及编码协调制度》，商务部、中宣部、文化和旅游部、海关总署等七部门联合修订了文化产品和服务进出口统计目录，形成《文化产品进出口统计目录（2022年版）》和《文化贸易进出口统计目录（2022年版）》，进一步完善了中国对外文化贸易统计体系。

《文化产品进出口统计目录（2022年版）》将文化产品分为核心层和相关层两大类，共包含327种海关商品编码。其中，核心层包括出版物、工艺美术品及收藏品，共171种；相关层包括文化用品、文化装备，共156种。具体分类情况可见附表2。《文化服务进出口统计目录（2022年版）》将文化服务分为核心文化服务和相关文化服务两大部分。其中，核心文化服务包括新闻和信息服务、文化相关知识产权许可服务、设计服务、试听和艺术相关服务、博物馆和体育服务、游戏服务；相关文化服务包括广告及相关服务、会展服务。具体分类情况可见附表3。

三、《2009 年联合国教科文组织文化统计框架》

关于文化贸易产品的分类和统计，国内外学界较为认可的是联合国教科文组织制定的《2009 年联合国教科文组织文化统计框架》。该框架从文化商品和文化服务两个大类层面对文化产品进行了统计，并且将每一大类又划分为核心层与相关层，而核心层与相关层进一步将文化产品划分为核心文化产品和相关文化产品。

其中，核心文化产品是指凝结了创造性和艺术特质在其中的产品；而相关文化产品是指为核心文化产品生产、传播提供介质的可重复性生产，例如，艺术创作所需的专业工具、基础设施和流程（如乐器生产、报纸印刷等）。对于相关文化产品而言，区别于核心文化产品，它们主要参与文化内容产品的生产和传播，主要是核心文化产品的装备和辅助材料。核心文化产品主要与文化内容、艺术的创作有关，而相关文化产品的生产则仅需要运用半工业化或非工业化的方法。例如，电视节目的制作是基于文化传播意图的行为，几乎所有的文化产品统计都会将电视内容节目囊括其中，电视节目本身属于核心文化产品；而电视机的制作则属于相关文化产品范围，因为它们提供了文化内容得以复制和传输的硬件。

在《2009 年联合国教科文组织文化统计框架》（The 2009 UNESCO Framework for Cultural Statistics，FCS）中，联合国教科文组织给出了核心文化产品统计指标体系及其对应的 HS 2007 版的六位码分类（见表 2-1）、相关文化产品统计指标体系及其对应的 HS 2007 版的六位码分类（见表 2-2）。

表 2-1　核心文化产品统计指标体系

领域	HS 07	描述
A. 文化和自然遗产		
古董	970500	具有动物学、植物学、矿物学、解剖学、历史学、人种学或钱币学意义的收藏品
	970600	超过一百年的古董
B. 表演和庆祝活动		
乐器	830610	钟、锣等
	920110	直立式钢琴
	920120	平台式钢琴
	920190	羽管键琴以及其他键盘弦乐器（钢琴除外）
	920210	其他用琴弓演奏的弦乐器（如小提琴、竖琴）
	920290	吉他、竖琴以及其他弦乐器（键盘乐器和用琴弓演奏的乐器除外）

续表

领域	HS 07	描述
乐器	920510	铜管乐器（如单簧管、风笛）
	920590	管乐器（铜管乐器除外）
	920600	打击乐器（如鼓、木琴、铙钹、响板、沙球）
	920710	除手风琴之外的键盘乐器
	920790	手风琴和无键盘的乐器，该类乐器必须依靠电能发声或放大声音
	920810	音乐盒
	920890	游乐场风琴、街头电子风琴、机械鸟鸣器、锯琴以及其他乐器；各种诱鸟乐器；哨子、号角以及其他用嘴吹的指示乐器
录制媒介	852321	磁卡
	852329	用于录音或其他用途的磁性媒介（磁卡和 37 章中的产品除外）
	852351	固态且不易丢失数据的存储设备
	852359	用于录音或其他用途的半导体媒介
	852380	用于录音或其他用途的唱片和其他媒介，无论其是否已经录制（包括生产唱片的母版和母带）
	490400	印刷或手写的乐谱（无论是受约束的还是有插图的）

C. 视觉艺术和手工艺

领域	HS 07	描述
绘画	970110	完全手绘的油画、素描和蜡笔画，而不是 4906 所属的内容，也不是手工喷绘或装饰的作品、拼贴画和类似的饰板
	970190	拼贴画和类似的饰板
	491191	图片、设计和照片
其他视觉艺术	970200	原版的雕刻、印刷和石印品
	970300	任何材料制成的原版雕像和塑像
	392640	小雕像以及其他塑料装饰品
	442010	木质小雕像以及其他装饰品
	442090	木质镶嵌细工和镶嵌木；装首饰、餐具或类似物件的木盒；木质家具
	691310	小雕像和其他装饰性陶瓷制品
	691390	小雕像和其他装饰性陶器（瓷器除外）
	701890	玻璃制品（包括小雕像）
手工艺	830621	由贱金属铸成，但镀有贵金属的小雕像以及其他装饰品
	830629	由贱金属铸成，未镀贵金属的小雕像以及其他装饰品（艺术品、收藏品和古董除外）
	960110	已加工过的象牙和象牙制品
	960190	兽骨、龟甲、兽角、鹿角、珊瑚、珠母层和其他动物雕刻材料，以及这些材料制成的物品（包括铸造品）
	580500	哥白林、佛兰德斯、欧巴松、博韦等品牌商生产的手织挂毯和针织挂毯

续表

领域	HS 07	描述
手工艺	580610	窄幅机织物：起毛织物（包括毛巾织物和类似织物）和绳绒线织物
	580620	窄幅机织物：其他织物（所含纱线或橡胶线的重量超过 5%）
	580631	窄幅机织物：其他棉织品
	580632	窄幅机织物：其他人造纤维织物
	580639	窄幅机织物：用其他纺织材料制成的织物
	580640	有经纱而无纬纱、经贴合而成的织物（经线贴合带织物）
	580810	织物镶边；无刺绣的织物装饰；非针织或钩织物
	580890	其他织物镶边；无刺绣的织物装饰；非针织或钩织物
	580900	金属线织物和 5605 类产品中镀有金属的织物，它们在服装上用作装饰或类似目的
	581010	条纹或图案刺绣织物，其底坯不可见
	581091	条纹或图案刺绣织物：其他棉质刺绣
	581092	条纹或图案刺绣织物：其他人造纤维刺绣
	581099	条纹或图案刺绣织物：其他纺织材料刺绣
	581100	絮棉的纺织品
	600240	宽度不超过 30 厘米的针织物或钩织物（所含纱线的重量超过 5%，不含橡胶线）
	600290	其他宽度不超过 30 厘米的针织物或钩织物（所含纱线或橡胶线的重量超过 5%）
	600310	宽度不超过 30 厘米的羊毛或动物细毛针织物或钩织物
	600320	宽度不超过 30 厘米的棉质针织物或钩织物
	600330	宽度不超过 30 厘米的合成纤维针织物或钩织物
	600340	宽度不超过 30 厘米的人造纤维针织物或钩织物
	600390	其他宽度不超过 30 厘米的针织物或钩织物
	600410	宽度超过 30 厘米的针织物或钩织物（所含纱线的重量超过 5%，不含橡胶线）
	600490	其他宽度超过 30 厘米的针织物或钩织物（所含纱线或橡胶线的重量超过 5%）
首饰	711311	银质首饰（无论镀有其他贵金属与否）
	711319	由其他贵金属铸造的首饰（无论镀有贵金属与否）
	711320	由贱金属铸造、镀贵金属的首饰
	711411	金匠或银匠打造的银器（无论镀有其他贵金属与否）
	711419	金匠或银匠打造的其他贵金属首饰（无论镀有贵金属与否）
	711420	金匠或银匠打造的镀有贵金属的贱金属首饰
	711610	天然或人工养殖的珍珠制的首饰
	711620	珍稀或半珍稀的宝石制品（天然的、合成的或按原样修复的）
摄影	370510	已曝光或冲洗的感光片和胶卷（而非用于胶印的电影胶片）
	370590	已曝光或冲洗的感光片和胶卷（不用于胶印）

D. 书籍和报刊

领域	HS 07	描述
书籍	490110	印刷版读物、手册、小册子以及类似的印刷品（无论是单页的还是折叠的）

续表

领域	HS 07	描述
书籍	490191	辞典和百科全书等系列出版物
	490199	印刷版书籍、手册及类似印刷品
报纸	490210	报纸、杂志和期刊（无论是否带有插图或广告，每周出版四次）
	490290	其他报纸、杂志和期刊
其他印刷品	490300	儿童图画或彩色书籍
	490591	装订成书的地图、水路图或类似的各种图表
	490510	全球地图、水路图或类似的各种图表
	490599	其他各种地图、水路图或类似的图表
	490900	印刷版或带有插图的明信片；印刷版的贺卡
	491000	各种印刷版的日历（包括日历座）

E. 音像和交互媒体

领域	HS 07	描述
电影和视频	370610	已曝光和冲洗的电影胶片（无论其是否有音轨或只有宽于35毫米的音轨）
	370690	已曝光和冲洗的电影胶片（无论其是否有音轨或只有宽度小于35毫米的音轨）
	950410	电视游戏

F. 设计和创意服务

领域	HS 07	描述
建筑和设计	490600	用于建筑、工程、工业、商业、地形学用途及类似用途的原版手绘图；手写文本；上述图文的影印版和复印件

表2-2 相关文化产品统计指标体系

领域	HS 07	描述

B. 表演和庆祝活动

领域	HS 07	描述
庆祝活动	950510	圣诞节产品
	950590	节日、嘉年华或其他娱乐物品（包括魔术表演和恶作剧玩具）
	950810	巡回马戏团和巡回动物园
音乐	851920	通过硬币、纸币、银行卡、辅币或其他方式付款的自助录音设备
	851930	唱盘（唱片放音装置）
	851810	麦克风及其支架
	851821	安装在音箱中的单个喇叭
	851822	安装在同一个音箱中的多个喇叭
	851829	其他麦克风及支架
	851830	头戴式耳机和人耳式耳机（无论是否附有麦克风）以及带有一个麦克风和一个以上扩音器的装置
	851840	音频电扩音器

续表

领域	HS 07	描述
音乐	851850	电力扩音装置
	920930	乐器弦
	920991	钢琴的部件和配件
	920992	9202 类乐器的部件和配件
	920994	9207 类乐器的部件和配件
	920999	乐器的部件和配件"例如机械乐器的音乐盒、卡、唱片、滚乐装置";各种节拍器、音叉和律管

C. 视觉艺术和手工艺

领域	HS 07	描述
摄影	370120	快速印片用胶片
	370130	其他感光板和胶卷,任何一面超过 255 毫米
	370191	已作感光处理、但还未曝光的彩色照片感光片和胶卷
	370199	已作感光处理、但还未曝光的黑白照片感光片和胶卷,其材料不是纸、纸板或纺织品(任何一面超过 255 毫米的 X 光片、感光片、胶卷和快速印片用胶片除外)
	3702	已作感光处理、但还未曝光的胶卷,其材料不是纸、纸板或纺织品
	3703	已作感光处理、但还未曝光的照相纸、纸板和纺织品
	370400	已曝光但还未冲洗的照相纸、纸板和纺织品
	370710	感光乳剂
	370790	其他用于照片制作的化学产品
	9006	照相机(电影摄像机除外)及其配件
	901010	照片(包括电影胶片)自动冲洗装备、用于自动曝光和冲洗的胶卷和卷纸摄
	901050	影(包括电影)工作室的其他仪器和装备;底片观察盒
	901060	投影仪银屏
	901090	摄影工作室的仪器和装备的部件和配件

D. 书籍和报刊

领域	HS 07	描述
	844314	带有显微阅读器的凸版印刷机(苯胺印刷除外)
	844315	不带显微阅读器的凸版印刷机(苯胺印刷除外)
	834316	苯胺印刷机
	834317	凹版印刷机

E. 音像和交互媒体

领域	HS 07	描述
音像	852110	视频录制和复制仪器、磁带
	852190	视频录制和复制仪器(无论是否带有视频调谐器,磁带和录像机除外)
	852550	传输设备

续表

领域	HS 07	描述
音像	852560	带有接收设备的传输设备
	852580	电视摄像机、数码摄像机和视频录像机
	8527	无线电广播接收器（无论是否带有录音或复制装置和钟表）
	8528	显示器、投影仪（不带电视接收器）；电视接收器（无论是否带有无线电广播接收器或音/视频录制和复制装置）
	9007	电视摄影机和投影仪（无论是否带有音频录制或复制装置）
	900820	缩微胶卷、缩微胶片或其他微型阅读器（无论是否能够复制）
	900810	图像投影仪
	900830	其他图像投影仪
	900840	照片（而非电影）放大器和缩微器
	900890	9008 类图像投影仪的部件和配件
计算机及相关装备	847130	便携式自动数据处理器
	847141	其他自动数据处理器（至少同时包含中央处理器、输入和输出设备）
	847149	其他以系统形式呈现的自动数据处理器
	847150	847141 和 847149 两个子类之外的其他处理器，无论它们是否拥有以下设备中的一项或两项：存储设备、输入设备、输出设备
	847160	输入或输出设备（无论是否同时具有存储设备）
	847170	存储设备
	847180	自动数据处理器的其他设备
	847330	8471 类仪器的部件和配件

四、本书研究所界定的文化产品分类及统计框架

由于商务部等七部门联合制定的《文化产品进出口统计目录（2022 年版）》和《文化服务进出口统计目录（2022 年版）》将文化产品和文化服务分开统计，且不便于进行国际比较分析，而联合国教科文组织制定的《2009 年联合国教科文组织文化统计框架》将文化产品和文化服务放在同一统计框架下，能够全面反映我国对外文化贸易发展的发展演变和现状特点。因此，本书主要基于联合国教科文组织制定的《2009 年联合国教科文组织文化统计框架》中对文化产品的界定、分类与统计框架，且在分析我国文化产品贸易发展现状以及中国与"一带一路"沿线国家间文化产品贸易发展时，侧重探讨核心文化产品。因为核心文化产品更加体现了一国文化资本存量、文化创造性和文化竞争力的水平；而相关文化产品的生产更多是国际化生产背景下专业化分工的结果。

具体数据源于联合国商品贸易数据库（UN COMTRAD），以 HS 2007 六位码为分类标准。

第三节　文化产品贸易的理论基础

由于国际文化贸易是在 20 世纪 80 年代后才逐步兴起的，因此对其进行理论研究的国内外文献还比较少，缺乏系统性。现有文献的研究多集中在定性的理论层面的探讨，缺乏定量的实证层面的验证。总体而言，目前文化贸易理论还在发展之中，有关文化产品贸易的案例研究逐渐丰富，但理论研究相对不足，没有形成完整的体系。

文化产品作为特殊的商品，其贸易不仅是经济问题，还涉及意识形态、文化传播和文化安全。因此，文化产品贸易与普通商品贸易相比，既有着商品贸易的共同性，也有着自身的独特性，尤其是以艺术品为代表的核心文化产品，其贸易过程不仅是大工业化的生产过程，差异性的小规模贸易也会存在发展，这使得利用国际贸易理论来解释文化产品贸易面临着新的问题。在已有的文献中，大多理论和实证研究普遍运用西方国际贸易理论对文化产品贸易进行解释。对普通的跨国商品贸易，人们通常倾向于以李嘉图的比较优势理论，或者 H-O 的要素禀赋理论为分析工具。但由于国际文化贸易格局的复杂性，不同学者采用不同的理论来解释。李怀亮（2003）从偏好相似理论解释文化产品进口和出口高度集中于少数几个国家的趋势。邱继洲（2005）运用比较优势理论对国际文化贸易的分析，认为由于发达国家早已完成了工业化进程，第三产业成为创造财富的主要手段。借助于网络化和信息化手段，发达国家的第三产业进一步升级，文化产业的异军突起就是第三产业升级的表现。还有学者运用波特的竞争战略理论解释文化产品的国际贸易。韩骏伟和胡晓明（2009）从产业融合理论进行解释，认为传统文化产业和新技术、新服务、新产业的融合创造出的产品往往具有较高的附加值，既可以作为传统文化产品的补充，也可以满足不同消费者的不同偏好，扩大了消费群体。因此，本书主要梳理西方主流国际贸易理论对文化产品贸易的解释。

一、比较优势理论

英国古典政治经济学家大卫·李嘉图在其代表作《政治经济学与赋税原理》中对比较优势理论进行了详尽阐述，该理论是在亚当·斯密的绝对优势理论的基础之上提出的。李嘉图认为比较优势是指：如果一个国家生产一种产品的机会成本低于在其他国家生产该产品的机会成本，则该国在生产该种产品上就拥有比较优势。一国和另外一个国家相比，如果在两种商品生产上都处于绝对的优势或绝对的劣势，依据"两优取其重，两劣取其轻"的原则，国际分工和国际贸易在两国间仍可以发生。比较优势理论认为一些国家可以在各种产品上都具有绝对劣势，但在某几种产品上具有比较优势，那么这些国家参与国际分工也能够获得贸易利益。如果各国都根据比较优势专业化生产并出口这些商品，那么就会获得更多的国际贸易利益，各个国家的人民生活水平也都将有所提高。

因此，世界文化贸易格局也是各国按比较优势分工的结果，比较优势理论可以运用到文化贸易中。例如，一个国家拥有要素禀赋、成熟的生产技术、很强的创新能力等比较优势的话，该国就可以培育文化产业，然后利用这一契机来发展文化贸易。

二、重叠需求贸易理论

重叠需求贸易理论最早是由瑞典经济学家林德于 1961 年在《论贸易和转换》一书中提出的，林德从两国的需求结构与收入水平视角来探讨国际贸易产生的原因。重叠需求理论认为两国人均收入水平越相近，双方的需求结构的重叠部分也就越大，因此两国间的贸易关系也越紧密。

重叠需求贸易理论能够较好地解释文化产品贸易。根据重叠需求贸易理论，一种产品的国内需求是能够确保其出口的前提条件，平均收入水平是影响一国需求结构的最主要因素，且贸易伙伴国之间存在重叠需求。相对于一般的商品而言，文化商品和文化服务是中高档消费品，某些文化商品和服务甚至是奢侈品，具有较高的需求收入弹性。一个国家和地区的人均收入水平不断提高，其对文化产品和服务的需求才能不断增加，这就决定了国际文化贸易主要发生在收入较高的国家之间。

三、规模经济贸易理论

规模经济也被称为规模报酬递增，是指所投入的等比例增长能够使产出超过该比例增长。马歇尔把规模经济分为内部经济和外部经济，普格尔和林德特将规模经济分为内部规模经济和外部规模经济。规模经济一般存在三种形式：第一种形式是内部规模经济，是指工厂或公司水平上的规模经济，可细分为工厂规模经济和范围经济；第二种形式是行业规模经济，是在假定厂商规模报酬不变时行业所存在的规模递增性，其来源是厂商没有能力完全利用知识或者信息，行业规模经济也是外部经济的具体表现之一；第三种形式是区域集中化经济，它也是外部经济的具体表现之一，通常被叫作集聚经济或者集群经济，是考虑到了区位因素在内的行业规模经济，也称作区域行业规模经济。

规模经济理论在解释文化贸易方面仍然是适用的，无论是企业内部规模经济理论，还是外部规模经济理论，对于分析文化贸易都具有其合理性。由于动态规模经济与知识积累有关，而文化产业往往也是人力资本密集型的产业，知识积累、知识扩散和学习效应常常会产生正的外部经济，因而利用动态规模经济理论也可以在一定程度上解释文化贸易。文化产品特别是文化创意产品具有初始成本比较高，但复制和传播具有规模递增的属性，在进行国家文化贸易时能得到很好体现，因此规模经济理论也是解释国际文化产品贸易的重要理论基础。

本章小结

文化产品作为特殊的商品，既有一般贸易商品的共同性，又有其自身的独特性。本章重点梳理了当前国内外学界对文化产品的界定、分类方法和统计框架，并确定本书研究文化产品贸易的统计范围和数据来源。在此基础上，系统梳理比较优势理论、重叠相互需求理论、规模经济贸易理论等西方主流国际贸易理论对文化产品贸易的解释。

第三章

中国对外文化贸易的发展现状及主要问题

近年来，我国文化贸易规模稳步增长，结构不断优化，文化贸易发展取得显著成就。本章基于联合国教科文组织对文化产品概念及其统计范围的界定，重点从贸易规模、贸易结构、贸易竞争力等方面梳理 2011~2020 年中国核心文化产品对外贸易发展的基本现状和主要特征，探讨当前我国文化贸易发展存在的主要问题，为后文提出我国对外文化贸易高质量发展的对策建议提供基本的事实依据。

在全球化日益深化的今天，文化与经济、政治相互交融，文化与科技紧密结合，文化的重要性已得到政府、学界和社会的广泛关注。党的十八大报告指出，文化实力和竞争力是国家富强、民族振兴的重要标志，并提出要"扩大文化领域对外开放，积极吸收借鉴国外优秀文化成果"。党的十九大报告强调，"文化兴国运兴，文化强民族强。应大力推进国际传播能力建设，讲好中国故事，展现真实、立体、全面的中国，提高国家文化软实力"。党的二十大报告再次强调，"坚守中华文化立场，提炼展示中华文明的精神标识和文化精髓，加快构建中国话语和中国叙事体系，讲好中国故事、传播中国声音，展现可信、可爱、可敬的中国形象"。可见，在以文化为标志的新一轮国际竞争中，文化驱动力已成为与经济驱动力并重的影响一国经济持续增长和综合实力的重要因素。

在此背景下，国家和地区间的文化贸易迅速发展，并在全球贸易中表现出其重要地位。对于中国而言，伴随着中国文化产业的较快发展，中国对外文化贸易进程也逐渐加快，并取得一定成效。根据联合国商品贸易数据库（UN COMTRADE）统计，中国核心文化产品贸易总额从 2002 年的 46.62 亿美元增长到 2020 年的 376.92 亿美元，年均增长率超过 30%。与此同时，中国文化贸易发展仍存在诸多问题。一方面，中国无疑是文化资源大国，但远不是文化贸易强国，且其中大部分是由低附加值、劳动密集型的文化硬件产品所贡献。另一方面，文化产品是一国价值观念、行为准则等文化内涵的重要载体，其贸易受到进口国消费者对出口国文化认知和理解的影响。"文化折扣""文化壁垒"的存在严重阻碍中国文化贸易的持续增长。长期以来，由于中国文化的对外传播主要基于"送出去"的形式，导致部分国家对"中国威胁论"的炒作，文化贸易发展空间受到压制。

2022 年 8 月，经国务院批准，商务部、中央宣传部等 27 个部门联合印发《关于推进对外文化贸易高质量发展的意见》（以下简称《意见》）。这是继 2014 年《关于加快发展对外文化贸易的意见》出台后，对外文化贸易领域又一份重要的指导性文件。该《意见》以习近平新时代中国特色社会主义思想为指导，以推进对外文化贸易高质量发展为主题，着力加强顶层设计和统筹协调，着力推动体制机制改革和内容形式创新，着力促进对外文化贸易规模增长和结构优化，围绕深化文化领域改革开放、激活创新发展新动能、激发市场主体发展活力、拓展合作渠道网络、加强组织保障等方面，提出了积极探索高水平开放路径、大力发展数字文化贸易、健全文化贸易合作机制、提升便利化水平等 28 项具体任务举措，将为对外文化贸易发展注入新动力。

那么，当前中国文化贸易发展有何特点？在国际市场的竞争力如何？中国文化贸易高质量发展存在的主要问题有哪些？有必要对这些基础的问题进行梳理。本章基于前文所介绍的联合国教科文组织制定的《2009 年联合国教科文组织文化统计框架》，重点考察 2011~2020 年中国核心文化产品对外贸易的基本事实和主要特征。相关数据源于联合国商品贸易数据库（UN COMTRADE），并以 HS 2007 版为准。

第一节　中国文化产品贸易的发展规模

联合国教科文组织《2009 年联合国教科文组织文化统计框架》将核心文化产品分为文化和自然遗产、表演和庆祝活动、视觉艺术和手工艺、书籍和报刊、音像和交互媒体、设计和创意服务六大类。本节将系统梳理中国文化贸易发展的总体规模及其分类产品的贸易规模。

一、中国文化产品贸易总体规模

图 3-1 报告了 2011~2020 年中国核心文化产品对外贸易额的变化情况。可以看出,样本期间中国核心文化产品对外贸易规模呈现先上升后缓慢下降的总体趋势。具体而言,2011~2014 年,中国核心文化产品进口额、出口额以及进出口总额均快速提高,分别由 2011 年的 6734 百万美元、41653 百万美元和 48386 百万美元增加到 2014 年的 7258 百万美元、79031 百万美元和 86289 百万美元,涨幅明显。与此同时,中国核心文化产品对外贸易差额也随之增加,由 2011 年的 34920 百万美元提高到 2014 年的 71773 百万美元。2011~2014 年中国核心文化产品对外贸易持续稳定上升,表明中国文化产品逐渐受到海外市场的消费者认可。

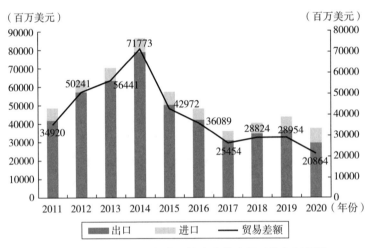

图 3-1　2011~2020 年中国核心文化产品对外贸易规模

2014 年 3 月,国务院印发《关于加快发展对外文化贸易的意见》,并调整了文化产品出口贸易发展的政策和相关制度措施。商务部等部门联合制定了《文化产品进出口统计目录(2015 年版)》和《文化服务进出口统计目录(2015 年版)》,对原有的对外文化贸易统计体系进行了调整。因此,2015 年中国核心文化产品出口额及进出口总额在绝对值上均出现较大幅度的减少,2015 年分别降至 50127 百万美元和 42972 百万美元,进口额小幅降低到 7156 百万美元。此后,中国核心文化产品进、出口贸易额呈现小幅度减少的趋势,直至到达 2017 年的低点。2017 年中国核心文化产品进口额、出口额以及贸易差额分别为 5163 百万美元、30617 百万美元和 25454 百万美元,是近 10 年来中国对外文化贸易发展的"冰点"。

2017 年，国务院办公厅印发《国家"十三五"时期文化发展改革规划纲要》，党的十九大报告提出"应大力推进国际传播能力建设，讲好中国故事，展现真实、立体、全面的中国，提高国家文化软实力"。为积极响应习近平总书记树立文化自信的号召，国家进一步修订和出台了一系列文化政策和法规来促进文化贸易发展。中国核心文化产品贸易也开始恢复稳定上升的趋势。2019 年中国核心文化产品进口额达到 7409 百万美元，创历史新高；中国核心文化产品出口额为 36363 百万美元，相较 2015 年的数据已明显提高。

2020 年，突如其来的新冠肺炎疫情打破了这一逐年增长的态势，导致中国核心文化产品对外贸易出口额再次下降，2020 年仅为 29278 百万美元。这一下降也导致中国核心文化贸易进出口总额减少为 37692 百万美元。与此同时，由于新冠肺炎疫情最先在中国暴发，其他国家的文化产品出口受新冠肺炎疫情影响有限，中国核心文化产品的进口则进一步提高至 8414 百万美元。因此，中国核心文化产品对外贸易差额明显降至 20864 百万美元。

二、中国文化产品贸易额占比

改革开放以来，我国文化贸易发展已取得显著成就。近年来，由于对外文化贸易政策制度的调整以及全球新冠肺炎疫情的暴发，我国对外文化贸易额出现小幅度减少。与此同时，文化产品在国际贸易总额中的占比也呈现总体下降的趋势。表 3-1 报告了 2011~2020 年我国文化贸易额占中国货物贸易总额比重的情况。可以看出，我国文化贸易进口额、出口额以及进出口总额不仅绝对值总体减小，各自占中国货物贸易总额的比重也呈现下降趋势。文化贸易出口额方面，2011 年我国文化贸易出口额占货物贸易出口总额的比重为 2.19%，在 2011~2014 年出现小幅增长后开始降低，到 2019 年仅为 1.45%，2020 年受全球新冠肺炎疫情影响进一步降至 1.13%，创历史新低。文化贸易进口额占货物贸易进口总额的比重则相对更低，2011~2020 年均低于 0.5%，2015 年比重最高也仅为 0.43%。综合文化贸易进出口总额来看，由于文化贸易出口的回落，我国文化贸易进出口总额占货物贸易进出口总额的比重也在 2014 年之后呈现下降趋势，到 2020 年仅为 0.81%。可见，总体而言，不管是进口还是出口，我国对外文化贸易发展规模在庞大的货物贸易体系中占比仍非常小。

表 3-1　2011~2020 年中国文化贸易额占比情况　　　　单位：%

年份	出口额占比	进口额占比	进出口总额占比
2011	2.19	0.39	1.33
2012	2.78	0.37	1.64
2013	2.87	0.35	1.69
2014	3.37	0.37	2.01
2015	2.20	0.43	1.45
2016	2.01	0.38	1.31
2017	1.35	0.28	0.87
2018	1.39	0.27	0.87
2019	1.45	0.36	0.96
2020	1.13	0.41	0.81

　　虽然我国文化产品贸易在我国货物贸易总额中的占比非常小，但在世界文化产品贸易中的占比较大，尤其是我国对外文化产品出口已占据全球文化产品出口的 1/3，且我国文化产品出口贸易发展迅速，我国文化产品出口额占全球文化产品出口总额的比重由 2008 年的 17.81% 逐年增加到 2018 年的 33.76%。同时，从整体上来看，我国对外文化产品贸易的发展也跟上了世界文化产品贸易的增长，甚至超过全球文化产品贸易平均增长率[①]。

　　综合来看，我国文化产品已逐渐得到国外市场的认可，成为全球文化产品市场中的重要组成部分，但占国内货物贸易总额的比重仍然偏低，未来具有较大的发展潜力和提升空间。

第二节　中国文化产品贸易的商品结构

　　联合国教科文组织制定的《2009 年联合国教科文组织文化统计框架》将文化产品划分为文化和自然遗产、表演和庆祝活动、视觉艺术和手工艺、书籍和报刊、音像和交互媒体、设计和创意服务。本节将根据这一分类标准考察 2011~2020 年我国文化产品贸易发展的商品结构。

一、中国文化产品进出口贸易的商品结构

　　表 3-2 报告了 2011~2020 年各类文化产品进出口贸易额占我国文化产品贸易

---

① 李嘉珊，刘霞. 中国国际文化贸易发展报告（2021）[M]. 北京：社会科学文献出版社，2021.

总额的比重情况。可以看出，视觉艺术和手工艺类产品是我国最重要的文化贸易产品，其占比长期超过 50%，且在 2011~2020 年呈现总体增长的态势，由 2011 年的 61.05% 提高到 2020 年的 72.30%。视觉艺术和手工艺类产品主要包括绘画、首饰、摄影、各类手工艺品以及其他视觉艺术品。首先是首饰品，是视觉艺术和手工艺类产品进出口贸易中占比最高的细分产品，例如，银质首饰、银器、其他贵金属锻造的首饰以及珍珠宝石制品等。2011 年首饰品的比重高达 57.80%，此后虽然这一比重有小幅减少，但到 2020 年仍为 37.26%。其次是手工艺品，如棉织品、刺绣织物、象牙制品等，2020 年手工艺品所占比重为 29.44%；雕刻、雕像、玻璃制品、陶瓷制品等其他视觉艺术品所占比重也较高，2011 年和 2020 年其他视觉艺术品占视觉艺术和手工艺进出口贸易总额的比重分别为 23.52% 和 29.80%。

表 3-2　2011~2020 年我国文化产品贸易的进出口结构　　单位：%

年份	文化和自然遗产	表演和庆祝活动	视觉艺术和手工艺	书籍和报刊	音像和交互媒体	设计和创意服务
2011	0.03	22.31	61.05	5.73	10.85	0.03
2012	0.09	16.16	67.01	4.67	12.03	0.03
2013	0.14	11.97	74.45	4.39	9.02	0.04
2014	0.16	9.86	78.92	3.72	7.33	0.01
2015	0.44	15.76	62.99	5.55	15.24	0.02
2016	0.15	16.17	57.47	5.97	20.21	0.02
2017	0.12	18.32	72.94	8.58	0.005	0.04
2018	0.21	16.87	74.35	8.55	0.003	0.02
2019	0.89	15.97	75.08	8.03	0.003	0.02
2020	0.86	18.70	72.30	8.12	0.004	0.01

表演和庆祝活动类产品是我国对外文化贸易的第二大类产品，其占比多数年份保持在 20% 左右。2011~2020 年表演和庆祝活动类产品占我国对外文化贸易总额的比重最高是 2011 年的 22.31%，最低占比是 2014 年的 9.86%，其他年份均保持在 15% 以上。表演和庆祝活动类产品主要包括乐器和录制媒介。其中，录制媒介是主要的表演和庆祝活动类产品，例如，磁卡、半导体媒介、乐谱等，2020年录制媒介占表演和庆祝活动类产品进出口贸易额的比重高达 70.85%。乐器，包括钟、锣、钢琴、弦乐器等所占比重为 29.15%。

根据联合国教科文组织统计框架，视觉艺术和手工艺主要包括绘画、手工雕塑、首饰、摄影等产品，如拼贴图、刺绣、手工编织物、感光片和胶卷等；表演和庆祝活动主要包括乐器、录制媒介两大类产品，如钟、锣、钢琴、磁卡等，这两类文化产品主要集中于文化制造业领域，它们的快速发展得益于我国是世界第一的制造大国，拥有丰裕的廉价劳动力和生产工艺品所需要的大量配件，从而使得这两类文化产品的贸易额占比较高。但是这两类文化产品可复制性强、附加值较低、文化内涵有限，对文化创意的要求也不高，反映出我国对外文化贸易结构有待进一步优化。

书籍和报刊类产品的占比一直较为稳定，且总体呈现增长的态势，由 2011 年的 5.73% 提高到 2020 年的 8.12%。书籍和报刊类产品主要包括书籍、报纸以及其他印刷品，首先是书籍进出口贸易额比重最高，2011 年书籍的进出口贸易额占书籍和报刊类产品贸易额的比重为 48.82%，2020 年为 43.95%；其次是其他印刷品，如地图、日历、贺卡等，占比也在 40%；而报纸的比重仅在 10% 左右。总体而言，我国书籍和报刊类文化产品在国际市场缺乏竞争力，在全球文化产品贸易总额中的占比仍偏低。

相比而言，音像和交互媒体类产品的占比在 2011~2020 年出现较大的波动，具体表现在 2011~2016 年音像和交互媒体类产品贸易额占我国文化产品贸易总额的比重由 2011 年的 10.85% 明显提高到 2016 年的 20.21%。这一期间，大量优秀的影视作品逐渐走出国门，得到海外观众的欢迎和喜爱。但 2016 年之后，音像和交互媒体类文化产品的贸易额大幅减少，占文化产品贸易总额的比重不到 0.1%，可能的原因是 2016 年国务院修订了《音像制品管理条例》，加强了对音像制品出版、复制、进口等的规范和管理。

文化和自然遗产、设计和创意服务的占比均不到 1%，2020 年这两类产品占我国文化产品贸易总额的比重分别为 0.86% 和 0.01%，远低于视觉艺术和手工艺类产品的占比。其中，文化和自然遗产由于其自身产品的特殊性，贸易额占比较小。设计和创意服务类产品主要依靠文化创造力和技术投入，这类产品的比重极低说明我国对外文化产品贸易的商品结构有待进一步优化，需要充分和有效利用我国丰富的文化资源，加强创意产品的发展，设计出更具文化内涵的产品。

二、中国文化产品出口贸易的商品结构

考虑到我国文化贸易出口额与进口额相差较大，有必要进一步分别探讨出口商品结构和进口商品结构。本节以 2020 年数据[①]为例，分析当前我国文化产

---

① 通过比对数据发现，2020 年初暴发的新冠肺炎疫情对当年文化产品出口贸易商品结构的影响有限，因此仍以 2020 年的结果为例分析当前我国文化产品出口贸易的商品结构。

品出口贸易的商品结构。由图 3-2 可以看出，2020 年视觉艺术和手工艺类产品占当年我国文化产品总出口额的比重高达 76.43%，稳居我国文化产品出口的绝对地位；其次是表演和庆祝活动类产品，占比为 15.30%。2020 年这两类产品的累计比重已超过 80%，表明我国文化产品出口仍以创意和技术含量低、文化价值低的工艺品和文化制造业产品为主。与此同时，2020 年书籍和报刊的占比为 7.60%，设计和创意服务类产品的占比仅为 0.01%，蕴含创作力、能够内含中国文化元素，以及传播中国文化的产品，如商业设计、工业设计、图书、报纸、杂志等文化产品的占比偏低。

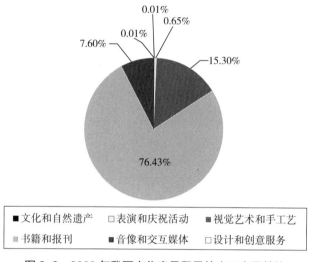

图 3-2　2020 年我国文化产品贸易的出口商品结构

综合来看，当前我国对外文化产品出口贸易存在商品结构极不平衡的问题，且比我国文化产品进出口贸易商品整体结构的问题还要严重，这对促进我国文化产品贸易的高质量发展和增强国际竞争力十分不利，更无法充分利用文化贸易传播中华优秀传统文化、提升中华文化影响力。

三、中国文化产品进口贸易的商品结构

图 3-3 进一步报告了 2020 年我国文化产品进口贸易的商品结构。可以看出，当前我国文化产品进口的商品结构总体优于出口商品结构，各类别文化产品占当年我国文化产品进口总额的比重更加均衡。具体来看，2020 年视觉艺术和手工艺类产品仍是我国文化产品进口贸易中最重要的产品，其占比为 57.94%，明

显低于表演和庆祝活动类产品出口在我国文化产品出口贸易中的比重。其次是表演和庆祝活动类产品、书籍和报刊，2020 年各类产品的占比分别为 30.53% 和 9.93%，累计占比超过 40%，表明为满足居民日益丰富的文化消费需求，我国引进了大量的图书、期刊、文艺表演等文化产品。文化和自然遗产类产品的占比为 1.57%，略高于其出口的比重。此外，受 2016 年新修订《音像制品管理条例》的影响，2020 年音像和交互媒体类产品占当年我国文化产品进口总额的比重仅为 0.01%，这一占比与设计和创意服务的比重基本一致，两者在我国文化产品进口贸易中的比重都极低。

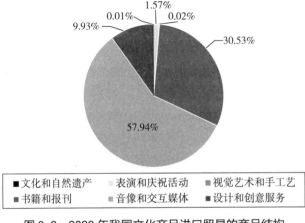

图 3-3 2020 年我国文化产品进口贸易的商品结构

总体而言，我国对外文化产品进口贸易的商品结构优于其出口结构，引进的文化产品主要是为了满足我国居民日益增长的对文化产品的消费需求。

第三节　中国文化产品贸易的国际竞争力

在考察我国文化产品贸易发展规模和商品结构的基础上，本节将进一步利用贸易竞争力指数（Trade Competitive，TC）分析我国文化产品在全球文化贸易市场上的国际竞争力。

TC 指数是测度一国总体或某类产品进出口贸易国际竞争力的基本指标。通常用一国进出口贸易的差额占进出口贸易总额的比重来表示，具体计算公式为：

$$TC=（出口额-进口额）/（出口额+进口额） \tag{3-1}$$

该指标通过计算进出口贸易总额的相对值，剔除了通货膨胀、汇率变动等宏观因素对进出口贸易额的影响。因此，不论进出口的绝对值是多少，该指标均在 –1~1，其数值越接近于 1 表示国际竞争力越强。根据统计经验，TC 指数介于 0~0.3 时，表明一国进出口贸易具有一定的国际竞争力，TC 指数介于 0.3~0.8 时，表明一国进出口贸易具有较强的国际竞争力，TC 指数介于 0.8~1 时，表明一国进出口贸易具有极强的国际竞争力。图 3–4 报告了 2011~2020 年我国文化产品贸易的 TC 指数。可以看出，我国对外文化产品贸易长期保持较强的国际竞争力。2011 年我国对外文化产品贸易的 TC 指数高达 0.72，表明我国文化产品贸易在 2011 年时已具有较强的竞争力。且这一数值在 2011~2014 年逐年增加到 2014 年的 0.83，随着我国综合实力和影响力的提高，我国对外文化产品贸易表现出极强的国际竞争力。2015 年以来，受国内调整文化产业发展政策的影响，我国对外文化产品贸易的国际竞争力稍有回落，到 2019 年 TC 指数减小至 0.66，2020 年受新冠肺炎疫情的影响进一步降低到 0.55。尽管如此，我国对外文化产品贸易的 TC 指数仍然基于 0.3~0.8，表明当前我国对外文化产品贸易仍具有较强的国际竞争力。这一结果也在一定程度上解释了上文提到的我国对外文化产品出口已占据全球文化产品出口的 1/3：正因为我国对外文化产品贸易具有较强的国际竞争力，能够得到全球文化产品消费者的欢迎和认可，已在全球文化产品市场中占据重要地位。

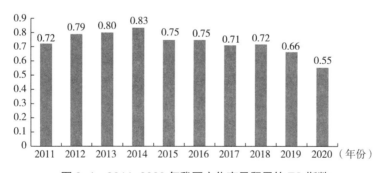

图 3–4　2011~2020 年我国文化产品贸易的 TC 指数

从不同类别的文化产品来看，首先是视觉艺术和手工艺类产品的进出口贸易长期具有极强的国际竞争力，2011~2020 年多数年份的 TC 指数超过了 0.8。其中，2011 年视觉艺术和手工艺类产品的 TC 指数为 0.89，2014 年达到最高值 0.92，此后虽然有小幅降低，但到 2020 年其 TC 指数仍为 0.64，表现出较强的国际竞争力。由于视觉艺术和手工艺类产品主要集中于文化制造业领域，得益于中国丰裕的劳动力资源和作为"世界工厂"的优势，视觉艺术和手工艺产品的贸易在全球文化产品贸易市场上具有绝对的国际竞争力。其次，音像和交互媒介类产品。

2011~2016 年我国音像和交互媒介类产品的贸易也表现出极强的国际竞争力，且多数年份的 TC 指数超过 0.9，最高值在 2013 年达到过 0.93。然而，随着 2016 年新修订《音像制品管理条例》的出台，加上 2018 年中美贸易摩擦正式开始，音像和交互媒介类产品的出口受到严重影响，其 TC 指数不仅由正值变为负值，且数值也接近于 –1，使我国音像和交互媒介类产品的贸易由具有极强的国际竞争力转为具有明显的竞争弱势。需要特别指出的是，这一转变的主要原因是受相关政策的影响，而非由于国外消费者对来自中国的音像和交互媒介类产品的不认可或排斥，未来一旦出现积极的政策调整，我国音像和交互媒介类产品很有可能恢复已有的国际竞争力。

2011~2020 年我国书籍和报刊进出口贸易的 TC 指数一直稳定在 0.5~0.7，长期保持着较强的国际竞争力。从 TC 指数的变化趋势来看，2011~2020 年书籍和报刊进出口贸易的国际竞争力呈现持续降低的趋势，TC 指数由 2011 年的 0.70 逐渐减小到 2020 年的 0.45。书籍和报刊类文化产品主要包括图书、报纸、杂志、期刊等，这些产品通常具有丰富的文化内涵，是文化传播的重要载体。书籍和报刊类产品进出口贸易国际竞争力的逐年降低表明我国通过文化产品贸易传播中华优秀传统文化内涵和影响力的相关工作仍面临较大的挑战，未来也具有较大的提升空间。

此外，设计和创意服务类产品进出口贸易也表现出较强的国际竞争力，尤其是 2014 年以来，设计和创意服务类产品的 TC 指数长期保持在 0.5 以上（见表 3-3）。2014 年 9 月，李克强总理在夏季达沃斯论坛上提出"大众创业，万众创新"，将"创新"发展提到国家发展战略的高度。设计和创意服务类产品的核心是创意、创作力，因此，2014 年以来我国设计和创意服务类产品的国际竞争力明显提升。

2011~2020 年我国表演和庆祝活动类产品进出口贸易的 TC 指数长期稳定在 0.1~0.3，表现出一定的国际竞争力。表演和庆祝活动类产品是我国对外文化产品贸易中的第二大类产品，在贸易规模上已具有较强的优势，国际竞争力还有待进一步提升。

最后，文化和自然遗产类产品进出口贸易的 TC 指数一直小于 0，是细分文化产品中唯一一类长期不具有国际竞争力的产品。文化和自然遗产类产品主要包括各类收藏品和年份超过一百年的古董，属于特殊类别的文化产品。该类产品长期不具有国际竞争力表明我国出口的收藏品在国际收藏品市场上的认可度还不够，这也体现出我国出口的收藏品的文化价值和影响力有待进一步加强。值得一提的是，从 TC 指数的变化趋势来看，虽然我国文化和自然遗产类产品一直不具有国际竞争力，但这一劣势地位呈现逐年好转的态势，2011 年文化和自然遗产类产品进出口贸易的 TC 指数为 –0.84，到 2019 年该数值已增加到 –0.33，并于 2020 年进一步由负值逆转为正值，表明 2011~2020 年我国文化和自然遗产类产品进出口贸易由明显不具有国际竞争力逐渐转变为仅有一定的竞争劣势，甚至在 2020 年表现出一定的竞争优势。由此可见，我国的文化和自然遗产类产品越来越被全球文化收藏品的消费者所欢迎和喜爱。

表 3-3　2011~2020 年不同类别文化产品的 TC 指数

年份	文化和自然遗产	表演和庆祝活动	视觉艺术和手工艺	书籍和报刊	音像和交互媒介	设计和创意服务
2011	–0.84	0.16	0.89	0.70	0.94	0.48
2012	–0.86	0.24	0.91	0.70	0.90	0.24
2013	–0.47	0.25	0.89	0.68	0.93	0.17
2014	–0.63	0.23	0.92	0.67	0.85	0.68
2015	–0.48	0.17	0.87	0.66	0.92	0.66
2016	–0.13	0.20	0.87	0.65	0.90	0.56
2017	–0.54	0.18	0.86	0.59	–0.81	0.53
2018	–0.49	0.23	0.86	0.50	–0.84	0.61
2019	–0.33	0.28	0.77	0.51	–0.91	0.78
2020	0.18	0.27	0.64	0.45	–0.10	0.53

第四节　当前中国文化产品贸易发展存在的问题

本章从对外文化贸易规模、商品结构和贸易竞争力等方面梳理了 2011~2020 年我国对外文化产品贸易发展的总体格局。综合来看，我国文化产品贸易存在增长趋势明显放缓、商品结构不平衡、文化创意偏低等问题。

一、文化产品贸易增长放缓甚至出现负增长趋势

自加入 WTO 以来，我国对外文化产品贸易取得显著成就。根据联合国商品贸易数据库统计，中国核心文化产品贸易总额从 2002 年的 46.62 亿美元增长到 2014 年的 862.89 亿美元，年均增速高达 13.5%。2015 年商务部调整了《文化产品进出口统计目录》，2015 年统计目录的调整导致 2015 年的贸易额数据发生较

为激烈的变化。但从 2015 年之后的进出口贸易额来看，我国对外文化产品进出口贸易总体呈现下降的趋势。即 2015 年大幅降低之后，2016 年和 2017 年我国对外文化产品进出口总额持续减少，到 2017 年进出口贸易总额仅为 357.79 亿美元。2017 年之后这一趋势虽有逆转，但其增长率明显放缓，2019 年我国对外文化产品贸易进出口总额仅提高到 437.71 亿美元。这一增速相比 2011~2014 年的差距明显。因此，不考虑统计口径调整的因素，近 5 年来我国对外文化产品进出口增长速率明显放缓，加上受 2020 年新冠肺炎疫情的影响，我国对外文化产品进出口出现负增长的态势。

当前，我国经济正处于高速发展向高质量发展的转型过程中，我国对外文化产品贸易增速放缓是一种正常现象。但是，后疫情时代如何继续保持我国文化产品贸易额绝对值的优势，是当前推动我国文化贸易高质量发展的基本问题。

二、文化贸易商品结构失衡，文化内涵不足

根据《2009 年联合国教科文组织文化统计框架》，首先是视觉艺术和手工艺是我国对外文化进出口中最多的一类产品，其占比长期保持在 60% 以上，最高比重能达到 78.92%；其次是表演和庆祝活动类产品，其占比稳定在 15% 左右。这两类文化产品主要集中于文化制造业领域，附加值偏低，可复制性较强，文化内涵有限，对文化创意的要求不高，往往也无法引起国外消费者的价值共识。

相比而言，我国对外文化产品进出口中书籍和报刊占比不到 10%，设计和创意服务类产品的比重更低于 0.1%，这些文化、知识密集型文化产品的出口占比严重不足，导致我国文化软实力和影响力较弱。

总体而言，当前我国对外文化产品贸易存在较为严重的商品结构失衡问题，出口文化产品以低层次的"劳动型"产品为主，文化内涵有限，创新不足，与我国拥有深厚的文化资源极为不匹配。

三、文化产业处于全球文化价值链低端

我国对外文化产品贸易以手工艺等劳动密集型产品为主，附加值较低，文化创意不足，导致这一商品结构特点的主要原因是我国对外文化产品长期处于全球文化价值链低端地位（何传添和潘瑜，2012；郭新茹等，2014）。相比而言，我国承接的文化产品创意和设计等处于全球文化价值链高端地位的生产环节较少，

导致我国文化核心竞争力与国际影响力不足。

近年来，虽然网络游戏、网络短视频、网络直播等产业快速发展，新媒体成为我国对外文化产业发展的新动力。但是，当前新媒体出口主要依赖实体产业以及资本驱动的直接产业经验，仍处于全球文化价值链低端生产环节。

四、文化品牌效应弱，缺少全球性 IP

我国对外文化产品贸易存在"大而不强"问题的主要原因是文化品牌效应较弱，缺乏文化传播力和影响力。一般而言，文化贸易强国通常是文化品牌强国。例如，提到"电影"，人们所联想到的总是"好莱坞电影"，在观众心里，好莱坞电影等同于"精彩的影视片"，是充满奇幻、冒险、强大科技元素的"大片"。"好莱坞"这一文化品牌成了电影票房的最好保证。提到"动漫"，人们自然联想到的就是"日本动漫"；提到"电视剧"，人们通常所能联想到的总是"韩剧""美剧"；提到"时尚设计"，人们总能想到"意大利"。这些国家都是典型的文化强国，各国文化内涵远比不上中华五千年的文化厚度，但这些国家所创立的文化品牌已深受全球文化产品消费者所喜爱，表现出极强的文化品牌效应。又如，迪士尼乐园、环球影城不仅是全球知名的主题公园，它们旗下还拥有系列优质的IP 及其周边产品。迪士尼公园的 IP 有漫威英雄、真人电影的公主系列、夺宝奇兵系列以及唐老鸭等众多的动漫 IP 产品，2021 年上海迪士尼圣诞节出品的玲娜贝尔玩偶在国内被一抢而空。环球影城的 IP 有侏罗纪公园、小黄人、变形金刚、功夫熊猫、哈利·波特，这两大主题公园在国内火爆异常，充分见证了文化品牌效应的力量。

相比而言，虽然中国拥有丰富多样的文化资源，但缺少世界知名的文化品牌，无论是品牌数量还是品牌质量都远远落后于欧美等西方国家，与日本、韩国等亚洲国家相比也存在一定差距，因而无法形成文化品牌效应，自然无法产生文化认同和传播效应。Pop Mart 是我国少有的"走出去"且受海外年轻消费者欢迎的文化品牌。2022 年 1 月，Pop Mart 进军欧洲市场的首家门店在英国伦敦正式开业，随即受到英国当地粉丝的热情支持；2022 年 6 月，Pop Mart 在美国的首家快闪店正式落户洛杉矶，由中国本土设计师创作的潮玩 IP 形象，美国当地粉丝反响热烈，Pop Mart 在海外的出圈甚至引起了当地媒体对中国潮玩魅力的关注。Pop Mart 顺利走出国门并大受欢迎再次证明具有全球性 IP 产品的重要性。

五、区域发展不平衡

从对外文化产品贸易主体的省市地区分布来看，我国对外文化产品贸易存在区域发展极不平衡的问题，东部地区几乎垄断了文化产品与服务贸易出口。根据商务部统计数据，东部地区文化产品出口占比长期高达90%以上，其中广东、浙江、江苏、上海、北京是我国对外文化产品出口主要省市，合计占比约80%。相比而言，中西部地区的文化产品出口占比极低，与东部地区的文化产品出口存在明显差距。对外文化产品出口贸易主体过于集中，且相邻省市的出口商品结构存在高度相似性，容易引起不必要的竞争，甚至产生恶性竞争。例如，浙江省和江苏省在影视行业存在较为激烈的竞争，广东省和福建省在文化工艺品的生产上存在过度竞争。

六、外部发展环境恶化

欧美各国贸易保护主义的抬头，对文化产品贸易产生一定影响。文化产品既有普通贸易商品的属性，又具有文化属性，往往是文化传播和文化影响力的重要载体。随着逆全球化思潮在西方国家愈演愈烈，文化产品本身蕴含的价值观和意识形态特性，导致各国更加排斥文化产品的进口。与此同时，我国综合国力和国际影响力日益提升，以美国为首的美欧国家对来自中国的文化产品更是忌惮明显。此外，2020年突发的全球新冠肺炎疫情等导致全球经济形势再次低迷，全球通货膨胀高企不下，进一步恶化了文化产品贸易市场环境，压缩了国外消费者对文化产品的消费需求。

本章小结

本章主要从贸易规模、商品结构、贸易竞争力等方面梳理了2011~2020年我国对外文化产品贸易发展的基本事实现状，在此基础上，进一步分析当前我国对外文化产品贸易发展存在的主要问题。研究表明，我国对外文化产品贸易在经历过去十年快速发展之后转入增长缓慢阶段，出口商品结构集中于附加值较低、文化内涵有限、创意偏少的手工艺品，存在明显的商品结构不合理的问题，这一问题进一步导致我国对外文化产品生产长期属于全球文化价值链低端地位，缺少全球知名的文化品牌或文化IP产品，无法发挥文化品牌效应。后疫情时代，我国如何突破逆全球化思潮实现对外文化贸易高质量发展，值得进一步探讨。

第四章

中国与"一带一路"沿线国家文化 贸易发展特点及贸易互补关系

探讨"一带一路"背景下推进中国对外文化贸易高质量发展的路径和对策建议,有必要系统梳理中国与"一带一路"沿线国家间文化贸易发展现状及贸易竞争互补关系。因此本章从文化贸易规模、商品结构、贸易伙伴三方面分析了中国与"一带一路"沿线 61 个国家间文化贸易发展的主要特点,并在此基础上进一步利用贸易互补性指数定量测度了中国与沿线国家间文化贸易的互补关系,探究文化贸易未来合作空间和发展潜力,为本书研究提出"一带一路"背景下推进中国对外文化贸易高质量发展的对策建议提供基本事实依据。

第一节 "一带一路"倡议对中国对外文化贸易发展的意义

2013 年 9~10 月,国家主席习近平在出访中亚和东南亚国家期间,先后提出共建"丝绸之路经济带"和"21 世纪海上丝绸之路"的重大倡议。2015 年 3 月,国家发展改革委、外交部、商务部联合发布了《推动共建丝绸之路经济带和 21 世纪海上丝绸之路的愿景与行动》,"一带一路"倡议由此成为国家级顶层合作倡议。

"一带一路"倡议秉承共商、共享、共建原则,以政策沟通、设施联通、贸易畅通、资金融通、民心相通为建设重点,为优化全球治理和人类命运共同体建设带来了中国方案,为全球经济增长复苏带来了新动力。截至 2022 年 5 月 27 日,中国已与 160 个国家、32 个国际组织签署 200 多份共建"一带一路"合作文件,在中巴经济走廊、中亚天然气管线项目、老挝铁路、印尼雅万高铁、蒙内铁路等重大合作项目中取得显著进展。

"一带一路"沿线各国资源禀赋各异，经济互补性较强，具有很大的合作潜力和空间。不仅如此，"丝绸之路"起源于古代中国，既是连接亚洲、非洲和欧洲的古代商业贸易路线，更是东方与西方之间在经济、政治、文化等诸多方面进行交流合作的桥梁。"一带一路"倡议的提出为推进中国对外文化贸易发展带来重要契机①，提供了崭新的合作平台、资源平台和市场平台。

2017 年 1 月，文化部发布了《"一带一路"文化发展行动计划（2016-2020年）》，国家在发展路线、发展平台、合作模式等各方面都为中国与"一带一路"沿线国家间文化贸易发展指明了方向，为推进中国与沿线国家文化贸易进程提供了强有力的支持。此外，2017 年发布的《文化部"十三五"时期文化发展改革规划》强调指出，要加强中国与"一带一路"沿线国家开展文化交流与合作。近年来，文化和旅游部着力建立"一带一路"文化交流机制，夯实互联互通基础，建立健全丝绸之路国际剧院、博物馆、艺术节、图书馆、美术馆联盟。开展"一带一路"文化贸易与投资重点项目征集活动，培育了一批重点文化企业和文化项目，推动文化产业蓬勃发展。继《动漫游戏产业"一带一路"国际合作行动计划》之后，又印发了《2018 年文化部"一带一路"文化贸易与投资重点项目名单》，进一步推进与"一带一路"沿线国家文化交流合作和文化贸易发展。

根据文化和旅游部 2021 年文化和旅游发展统计公报，2021 年文化和旅游部与巴西、意大利、日本、俄罗斯、阿尔及利亚等 16 国举办双边会议或会见，与秘鲁、圣马力诺、文莱、伊朗、尼日利亚等 9 国举办建交庆祝活动，与厄瓜多尔、柬埔寨、塞尔维亚、巴林、南非等 14 国签署文化合作协定执行计划等文件，不断加强在促进文化交流、推动旅游复苏方面的政策沟通，广泛凝聚构建人类命运共同体的国际共识。响应各国对共享发展机遇的诉求，举办对非洲、中东欧、中亚、东南亚国家的培训班 8 期，建成面向欧洲的"中国旅游培训"平台。

总体而言，"一带一路"建设有效整合了中华优秀文化资源，促进中国与沿线国家文化贸易发展，提高"一带一路"建设的文化认同，增强中国的文化软实力和影响力。

---

① 花建."一带一路"战略下增强我国对外文化贸易新优势的思考［J］.中共浙江省委党校学报，2015，31（4）：14-21.

第二节　中国与"一带一路"沿线国家文化贸易发展特征

一、文化贸易统计框架与研究样本

文化贸易是指不同国家（地区）之间进行的以货币为媒介的文化交换活动，既包括音像录影制品、纸质出版物等有形商品的文化产品贸易，也包括演出、影视、版权等无形商品的文化服务贸易。联合国教科文组织（UNESCO）在《2009年联合国教科文组织文化统计框架（The 2009 UNESCO Framework for Cultural Statistics，FCS）》中将文化贸易商品划分为文化和自然遗产、表演和庆祝活动、视觉艺术和手工艺、书籍和报刊、音像和交互媒体、设计和创意服务六大类，并列出 HS 2007 六位数代码定义的文化产品和服务国际贸易内容[①]。这一统计框架同时考虑了文化产品和文化服务贸易，能够全面反映中国与"一带一路"沿线国家文化贸易发展特征，因此本章借鉴联合国教科文组织定义的文化贸易统计框架进行统计。具体数据源于联合国商品贸易数据库（UN COMTRAD），以 HS 2007 六位码为分类标准。

"一带一路"是一个开放的国际区域经济合作网络，目前对"一带一路"沿线国家尚无严格的界定。参照当前多数文献达成的共识，本章以中亚、蒙俄、东南亚、南亚、中东欧、西亚中东合计 66 个国家作为基准，结合数据可得性，剔除塔吉克斯坦、乌兹别克斯坦、土库曼斯坦、东帝汶、阿富汗，确定如表 4-1 所列的 61 个沿线国家。考虑到本章根据《2009 年联合国教科文组织文化统计框架》确定相关数据，因此将研究时间跨度定为 2009~2016 年。

表 4-1　"一带一路"主要沿线国家

经济板块	"一带一路"主要沿线国家
东南亚与蒙古	文莱、柬埔寨、印度尼西亚、老挝、马来西亚、缅甸、菲律宾、新加坡、泰国、越南、蒙古
中亚	哈萨克斯坦、吉尔吉斯斯坦
南亚	孟加拉国、不丹、印度、巴基斯坦、马尔代夫、尼泊尔、斯里兰卡

---

① http://uis.unesco.org/sites/default/files/documents/unesco-framework-for-cultural-statistics-2009-ch.pdf.

经济板块	"一带一路"主要沿线国家
西亚北非	巴林、塞浦路斯、埃及、土耳其、伊朗、伊拉克、以色列、约旦、科威特、黎巴嫩、阿曼、卡塔尔、沙特阿拉伯、巴勒斯坦、叙利亚、阿联酋、也门、希腊
中东欧	阿尔巴尼亚、保加利亚、克罗地亚、捷克、爱沙尼亚、匈牙利、拉脱维亚、立陶宛、黑山、波兰、罗马尼亚、塞尔维亚、斯洛伐克、斯洛文尼亚、马其顿、波黑
独联体其他	俄罗斯、乌克兰、白俄罗斯、阿塞拜疆、格鲁吉亚、亚美尼亚、摩尔多瓦

二、中国与"一带一路"沿线国家文化贸易规模

随着中国文化产业的较快发展，中国对外文化贸易进程也逐渐加快。中国文化贸易出口总额由 2009 年的 224.62 亿美元增长到 2016 年的 421.43 亿美元，并在 2014 年达到最高水平 790.66 亿美元。在此过程中，中国与"一带一路"沿线国家的文化贸易整体呈现上升趋势，文化贸易出口额由 2009 年的 30.80 亿美元增加到 2016 年的 60.53 亿美元；占中国文化贸易出口总额的比重则出现先降后升的态势，由 2009 年的 13.71% 减少到 2014 年的最低点 9.26%。但随着"一带一路"国际合作的推进，中国与沿线国家的文化贸易往来不断增多，中国对沿线国家文化贸易出口占比逐年增加，2016 年已达到 14.36%。从文化贸易出口来看，"一带一路"倡议有效促进了中国与沿线国家文化贸易发展，在中国文化贸易出口整体回落的情况下仍保持占比持续增长的势头（见表 4-2）。

表 4-2 2009~2016 年中国与沿线国家文化贸易进、出口额及其占比

单位：亿美元

年份	与沿线国家文化贸易出口额	中国文化贸易出口总额	出口占比（%）	与沿线国家文化贸易进口额	中国文化贸易进口总额	进口占比（%）
2009	30.80	224.62	13.71	9.46	49.01	19.31
2010	37.20	292.28	12.73	11.92	56.91	20.95
2011	46.24	416.71	11.10	14.31	67.54	21.18
2012	60.89	569.48	10.69	14.12	67.10	21.05
2013	72.25	633.52	11.41	16.85	69.07	24.40
2014	73.25	790.66	9.26	20.59	72.82	28.27
2015	68.38	501.66	13.63	18.98	71.80	26.43
2016	60.53	421.43	14.36	14.83	60.40	24.55

资料来源：根据 UN COMTRADE 数据库计算得到（下同）。

从文化贸易进口来看,中国与"一带一路"沿线国家文化贸易进口额明显低于文化贸易出口,但占中国文化贸易进口总额比重明显大于文化贸易出口占比。这一结果表明中国与"一带一路"沿线国家文化贸易还存在较大发展空间。一方面,中国从沿线国家的文化贸易进口有待进一步加强,2016年仅为14.83亿美元,远低于从欧美等发达国家的文化贸易进口,尤其是自"一带一路"建设以来,中国从"一带一路"沿线国家的文化贸易进口占比不增反降,长此以往容易引起沿线国家在文化贸易上的"不平等"情绪,甚至排斥中国文化贸易出口,进而对"一带一路"国际经济合作造成负面影响,应适当加大从"一带一路"沿线国家的文化贸易进口。另一方面,中国与"一带一路"沿线国家的文化贸易出口也有待进一步提升。2016年中国到沿线国家的文化贸易出口占比仅14.36%,而与美国、中国香港、荷兰、英国、日本前五位文化贸易出口伙伴的占比近60%。应该有效利用"一带一路"国际合作机制,发挥"丝绸之路"文化融合剂的作用,以及与沿线国家文化相似度高的优势,增强中国与"一带一路"沿线国家文化贸易往来,促进中国文化贸易伙伴多元化发展。

三、中国与"一带一路"沿线国家文化贸易商品结构

从文化贸易商品结构来看,中国与"一带一路"沿线国家的文化贸易进出口中,表演和庆祝活动、视觉艺术和手工两类产品的进出口占比超过80%,而书籍和报刊占比长期低于5%、文化设计和创意服务占比更不到1%(见表4-3)。从各类文化贸易商品占比变化来看,视觉艺术和手工产品比重由2009年的29.31%增加到2016年的45.51%,2013年以来成为中国与"一带一路"沿线国家文化贸易第一大类产品;表演和庆祝活动产品比重则明显降低,由2009年的58.59%减少到2016年的38.95%,位居第二。此外,书籍和报刊、设计和创意服务的占比均减小。

表4-3 2009~2016年中国与沿线国家各类文化贸易商品进出口总额占比

单位: %

年份	文化与自然遗产	表演和庆祝活动	视觉艺术和手工	书籍和报刊	音像和交互媒体	设计和创意服务
2009	0.10	58.59	29.31	4.96	6.78	0.27
2010	0.17	51.02	31.71	5.04	11.79	0.27
2011	0.62	47.31	35.00	5.18	11.84	0.04

续表

年份	文化与 自然遗产	表演和 庆祝活动	视觉艺术 和手工	书籍和 报刊	音像和 交互媒体	设计和 创意服务
2012	0.11	43.76	38.85	4.42	12.80	0.04
2013	0.18	41.13	41.22	4.78	12.55	0.14
2014	0.32	37.83	41.37	3.61	15.61	1.26
2015	0.07	39.33	43.92	4.07	12.60	0.01
2016	0.50	38.95	45.51	3.22	11.79	0.02

根据联合国教科文组织统计框架，表演和庆祝活动主要包括乐器、录制媒介两大类产品：一类是如钟、锣、钢琴、磁卡等；另一类是视觉艺术和手工艺，主要包括绘画、手工雕塑、首饰、摄影等产品，如拼贴图、刺绣、手工编织物、感光片和胶卷等，这些产品主要集中于文化制造业领域，可复制性强、附加值较低、文化内涵有限，对文化创意的要求也不高，反映出中国与"一带一路"沿线国家的文化贸易商品结构有待进一步优化，应充分挖掘和有效利用中国丰富的文化资源，设计和创造出更具文化内涵的产品，同时加强与沿线国家文化服务贸易交流，进一步提升中国文化传播力和影响力[①]。

四、中国与"一带一路"沿线国家文化贸易市场结构

从主要贸易伙伴来看，2016 年中国与"一带一路"沿线国家文化贸易额排在前十位的国家主要有新加坡、越南、泰国、印度、马来西亚、印度尼西亚、菲律宾、阿联酋、柬埔寨、孟加拉国等国家，属于东南亚地区的国家最多，占据绝对的优势地位。可见，中国与"一带一路"沿线国家文化贸易往来仍较多集中在文化相似性较大的东南亚国家，如新加坡和马来西亚有大量的华人居住，语言和很多风俗习惯具有互通的地方[②]。尤其是自"一带一路"倡议提出以来，中国与东南亚国家的文化贸易往来明显增多，孟加拉国、柬埔寨、菲律宾逐渐替代伊朗、沙特阿拉伯、巴基斯坦等成为中国与"一带一路"沿线国家文化贸易前十位国家（见图 4-1）。

---

① 刘克春. 中国文化服务贸易问题与协同创新对策——基于"一带一路"的视角［J］. 国际贸易，2017（8）：61-64.

② 方英，马芮. 中国与"一带一路"沿线国家文化贸易潜力及影响因素：基于随机前沿引力模型的实证研究［J］. 世界经济研究，2018（1）：112-121.

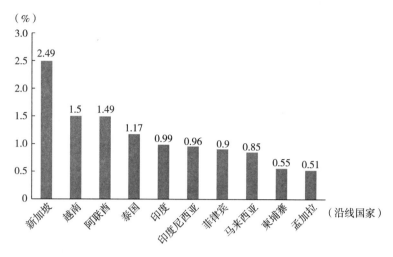

图4-1　2016年中国与沿线国家文化贸易总额前十名

　　总结来看，随着"一带一路"国际合作的推进，中国与沿线国家的文化贸易往来增多，中国对沿线国家的文化贸易出口呈现整体增长态势，文化贸易出口占比逐年提高；但文化贸易商品的附加值和文化创意偏低，主要集中于视觉艺术和手工产品等附加值较低的文化制造业领域，贸易伙伴也主要是与中国文化相似性较高的东南亚国家。可见，中国与"一带一路"沿线国家的文化贸易发展仍有较大提升空间，需要进一步优化文化贸易商品结构和市场结构，有效整合中国丰富的文化资源，创新和开发更具文化内涵的产品和服务；同时加强与"一带一路"沿线各国的文化交流，拓宽中国文化贸易发展在沿线国家中的市场范围。

第三节　中国与"一带一路"沿线国家文化贸易
互补性测度

　　本章进一步对中国与"一带一路"沿线国家间文化贸易互补程度进行定量测算，考察中国与"一带一路"沿线国家间文化贸易往来的内在关联，以及中国与沿线国家间文化贸易未来合作空间、合作潜力，避免文化贸易同质和恶性竞争。

一、贸易互补性测度指标

　　贸易互补性（Trade Complementarity）通常用来描述两国间资源禀赋和生产结构存在的差异程度，进而可能促进两国间更紧密的贸易往来。因此，如果中国的文化贸易出口（进口）结构与"一带一路"沿线国家的文化贸易进口（出口）

结构更加契合，那么中国与沿线国家的文化贸易将有更大的发展空间。

在具体测度方法上，本章借鉴 Peter Drysdale（1969）[①] 创建的贸易互补性指数（Trade Complementarity Index，TCI）来测量中国与"一带一路"沿线国家文化贸易互补性程度。具体计算公式如下：

$$C_{ja} = \sum_{n} (R_j^i \cdot D_a^i \cdot \frac{M_w^i - M_j^i}{M_w - M_j}) \tag{4-1}$$

C_{ja} 表示 j 国出口贸易与 a 国的互补性。该指数衡量了由于 j 国出口的专业化程度和 a 国进口的专业化程度而带来的 j 国到 a 国出口额的相对大小。

其中

$$R_j^i = \frac{X_j^i}{X_j} / \frac{M_w^i - M_j^i}{M_w - M_j} \tag{4-2}$$

R_j^i 表示 j 国出口 i 商品的专业化指数。该指数衡量了 j 国出口 i 商品的份额相对其他出口国平均份额的差异程度。X_j^i 表示 j 国 i 商品的出口额，X_j 表示 j 国的总出口额，M_w^i 表示 i 商品的世界总进口额，M_j^i 表示 j 国 i 商品的进口额，M_w 表示世界总进口额，M_j 表示 j 国总进口额。

$$D_a^i = \frac{M_a^i}{M_a} / \frac{M_w^i - M_j^i}{M_w - M_j} \tag{4-3}$$

D_a^i 表示 a 国进口 i 商品的专业化指数。该指数衡量了 a 国进口 i 商品的份额相对其他进口国平均份额的差异程度。M_a^i 表示 a 国 i 商品的进口额，M_a 表示 a 国总进口额。

因此，将式（4-2）和式（4-3）代入式（4-1），得到贸易互补性指数：

$$C_{ja} = \sum_{n} \left(\frac{X_j^i}{X_j} \cdot \frac{M_w - M_j}{M_w^i - M_j^i} \cdot \frac{M_a^i}{M_a} \right) \tag{4-4}$$

利用该指数可算得中国与"一带一路"沿线国家在文化贸易上的互补性程度，指数越大，表明两国在文化贸易产品上的互补性越强。

---

① Peter Drysdale. Japan，Australia，New Zealand：The Prospect for Western Pacific Economic Integration [J]. The Economic Record，1969，45（3）：321-342.

二、中国作为出口方的文化贸易互补性指数

表 4-4 给出了由 TCI 公式计算得出的 2009~2016 年以中国作为出口方，以"一带一路"沿线国家作为进口方的文化贸易互补性指数。

表 4-4　中国与沿线国家文化贸易互补性指数排名前十国家（中国作为出口方）

排名	2009 年		2011 年		2013 年		2016 年	
	国家	互补性指数	国家	互补性指数	国家	互补性指数	国家	互补性指数
1	柬埔寨	8.18	柬埔寨	20.71	柬埔寨	25.96	柬埔寨	14.66
2	斯里兰卡	3.07	科威特	4.09	阿联酋	9.24	阿联酋	4.63
3	泰国	2.57	新加坡	3.01	科威特	6.27	科威特	4.09
4	文莱	2.51	约旦	2.72	卡塔尔	5.76	卡塔尔	3.93
5	约旦	2.26	斯里兰卡	2.71	新加坡	4.41	新加坡	2.95
6	塞浦路斯	2.07	泰国	2.51	约旦	3.59	阿曼	2.85
7	新加坡	1.97	塞浦路斯	2.43	阿曼	3.32	巴林	2.80
8	摩尔多瓦	1.88	摩尔多瓦	2.07	斯里兰卡	3.01	斯里兰卡	2.58
9	印度	1.66	文莱	1.99	巴林	2.74	摩尔多瓦	1.85
10	不丹	1.61	阿尔巴尼亚	1.91	摩尔多瓦	2.48	波兰	1.82

可以看出，2009~2016 年，中国与柬埔寨、阿联酋、科威特、新加坡、约旦、斯里兰卡、波兰、泰国、越南、以色列等国的文化贸易互补性较高。一方面，中国与科威特、阿联酋、约旦等国家的文化存在一定的差异性，为满足多样化的文化需求，国家间的文化贸易互补性较高；另一方面，中国与柬埔寨、新加坡等国的文化相似度较高，消费者具有更强的文化认同，进而产生部分相似的文化需求，国家间的文化贸易互补性较高。

值得注意的是，与中国文化贸易互补性较高的国家多数不是与中国文化贸易总额前十位的国家（见图 4-1），文化贸易互补性较高的国家与中国的文化贸易往来反而偏少，中国与"一带一路"沿线国家的文化贸易发展存在一定程度的市场错配现象。可能的原因是这些国家多数属于发展中国家甚至是中低收入国家，本国文化产业尚处于起步阶段，文化生产较少，消费者对文化产品和文化服务的需求也非常有限；此外，虽然这些国家也是"一带一路"国家，但相比新加坡、越南、泰国而言，与中国的地理距离及文化差异性更大。但是，随着这些国家自身经济发展以及对文化产业、文化贸易的重视，它们将是未来中国文化贸易发展

开拓的重要市场,具有较大的合作空间和潜力。

此外,从 2016 年文化贸易互补性指数前十位国家的变化趋势来看,2014 年以来中国与"一带一路"沿线国家的文化贸易互补性指数总体呈现下降趋势(见表 4-5)。随着中国与沿线各国文化交流、文化贸易往来增多,以及各国对文化贸易发展的重视,中国与沿线国家文化贸易的竞争将日益增加。这一结果也充分证实了在"一带一路"倡议背景下,中国文化贸易发展既要面临重要的新机遇和市场空间,又将面对日益严峻的国际竞争环境。因此,应充分整合和利用中国与"一带一路"沿线国家的文化资源,加大文化设计和创意,避免文化贸易同质性和恶性竞争,增强中国文化贸易商品在国际市场的竞争力。

表 4-5 2016 年文化贸易互补性指数前十位国家的互补性变化趋势

年份 \ 国家	柬埔寨	阿联酋	科威特	卡塔尔	新加坡
2014	27.50	10.81	7.61	7.12	4.67
2015	17.18	4.75	4.46	3.35	3.05
2016	14.66	4.63	4.09	3.93	2.95

年份 \ 国家	阿曼	巴林	斯里兰卡	摩尔多瓦	波兰
2014	2.73	3.43	3.93	2.42	2.38
2015	2.84	3.11	2.30	1.62	1.83
2016	2.85	2.81	2.58	1.85	1.82

三、中国作为进口方的文化贸易互补性指数

表 4-6 给出了由 TCI 公式计算得出的 2009~2016 年以中国作为进口方,以"一带一路"沿线国家为出口方的文化贸易互补性指数。

表 4-6 中国与沿线国家文化贸易互补性指数排名前十国家(中国作为进口方)

排名	2009 年		2011 年		2013 年		2016 年	
	国家	互补性指数	国家	互补性指数	国家	互补性指数	国家	互补性指数
1	印度	3.35	不丹	6.12	黎巴嫩	1.47	印度	1.68
2	黎巴嫩	2.10	印度	2.16	印度	1.18	阿联酋	1.34
3	巴基斯坦	1.12	越南	1.09	巴林	1.14	黎巴嫩	1.29

续表

排名	2009 年		2011 年		2013 年		2016 年	
	国家	互补性指数	国家	互补性指数	国家	互补性指数	国家	互补性指数
4	尼泊尔	1.11	黎巴嫩	1.05	阿联酋	0.95	印度尼西亚	1.05
5	不丹	1.04	约旦	0.76	土耳其	0.93	土耳其	1.01
6	越南	1.01	泰国	0.75	泰国	0.65	约旦	0.93
7	约旦	0.91	土耳其	0.73	新加坡	0.63	新加坡	0.75
8	泰国	0.83	巴基斯坦	0.72	约旦	0.62	马来西亚	0.66
9	新加坡	0.76	新加坡	0.67	巴基斯坦	0.59	尼泊尔	0.64
10	马来西亚	0.74	马来西亚	0.66	马来西亚	0.55	泰国	0.59

可以看出，在文化贸易进口方面，中国与印度、阿联酋、黎巴嫩、印度尼西亚、新加坡、马来西亚、泰国等国家的互补性程度较高。与文化贸易出口类似，这些国家中存在与中国文化差异性较大的国家，如阿联酋、黎巴嫩，也有与中国文化相似度较高的国家，如新加坡、马来西亚、泰国。文化差异性和文化相似性在一定程度上都能带来文化交流与合作机遇，提高对文化贸易商品的需求，促进中国与"一带一路"沿线国家文化贸易往来。

值得注意的是，文化贸易进口互补性较高的部分国家并不是文化贸易出口互补性靠前的国家，如印度、黎巴嫩、土耳其，区别于文化贸易出口互补性指数靠前的柬埔寨、科威特、卡塔尔等。可见，中国与"一带一路"沿线国家文化贸易出口和进口内在关联存在差异，文化贸易未来合作范围、合作空间、合作潜力也可能不同，在制定文化贸易政策时，应注意与不同国家文化贸易出口和进口的差异，分区域、有选择地加强同沿线不同国家间的文化贸易往来，提升文化贸易出口的同时，加强文化贸易产品进口的多元化，丰富国内文化产品消费。此外，不管是文化贸易出口还是进口，中国与新加坡、印度尼西亚、泰国等国家的文化贸易互补性均较高，应注意加深同这些国家的文化贸易往来，进一步促进中国文化"走出去"。

本章小结

本章基于联合国教科文组织定义的文化贸易统计框架，主要从文化贸易规模、文化贸易商品结构及贸易伙伴三方面分析了中国与"一带一路"沿线国家文化贸易发展特征，并进一步定量测算中国与沿线国家文化贸易互补关系，探析文化贸易未来合作空间及发展潜力。

本章研究表明，"一带一路"倡议的提出为中国文化贸易带来重要发展机遇。随着"一带一路"国际合作的推进，中国到沿线国家的文化贸易增多，文化贸易出口占比由 2014 年的 9.26% 稳步提高到 2016 年的 14.36%。相比而言，中国与"一带一路"沿线国家文化贸易进口额明显低于文化贸易出口，且文化贸易进口占比自 2014 年以来逐年减少，表明中国在文化贸易上具有明显优势，同时也说明中国与"一带一路"沿线国家文化贸易存在的合作空间和发展潜力。

一方面，中国与"一带一路"沿线国家文化贸易进口绝对额明显低于文化贸易出口绝对额，未来应适当加大中国从沿线国家的文化贸易进口，这既符合当前中国积极主动扩大进口的外贸政策，又能满足国内消费者对多元化文化商品的需求；长远来看，还能避免"一带一路"沿线国家由于文化贸易长期逆差而排斥甚至敌视中国文化贸易商品，进而对"一带一路"国际经济合作造成负面影响。另一方面，中国与"一带一路"沿线国家文化贸易进口占比却明显大于文化贸易出口占比，2016 年分别为 24.55% 和 14.36%，因此，应该进一步加强中国与"一带一路"沿线国家的文化贸易往来，扩展沿线国家中文化贸易市场范围，将更多的文化贸易出口由欧美、日本等发达国家转向"一带一路"沿线国家，促进中国文化贸易伙伴多元化发展。

此外，从文化贸易商品结构来看，中国与"一带一路"沿线国家文化贸易主要集中于视觉艺术和手工产品等附加值较低、文化创意少的文化制造业领域，2016 年中国与"一带一路"沿线国家视觉艺术和手工产品贸易占比高达 45.51%，而书籍和报刊、文化设计和创意服务贸易占比分别仅为 3.22% 和 0.02%。中国与"一带一路"沿线国家的文化贸易商品结构有待进一步优化，应充分挖掘和有效利用中国丰富的文化资源，设计和创造出更具文化内涵的产品，同时加强与沿线国家文化服务贸易交流，促进中国文化"走出去"，进一步提升中国文化传播力和影响力。从文化贸易伙伴来看，2016 年中国与"一带一路"沿线国家文化贸易总额前十位的国家有新加坡、越南、阿联酋、泰国、印度、印度尼西亚、菲律宾、马来西亚、柬埔寨和孟加拉，其中多数是与中国文化相似性较高的国家，未来应加强中国与沿线各国间的文化交流，尤其增强与文化差异性较大国家间的文化认同，促进文化贸易以及国际经济合作的长期发展。

从中国与"一带一路"沿线国家文化贸易互补性指数来看，中国作为出口方时，中国与柬埔寨、阿联酋、科威特、新加坡、约旦、斯里兰卡、波兰、泰国、越南、以色列等国的文化贸易互补性较高；当中国作为进口方时，中国与印度、阿联酋、黎巴嫩、印度尼西亚、新加坡、马来西亚、泰国等国家的互补性程度较高。这一结果表明，文化贸易出口互补性和进口互补性较高的国家并不对应，在制定文化贸易发展政策时，应注意与不同国家文化贸易出口和进口的差异，在提升文化贸易出口的同时，多元化文化贸易产品的进口。

此外，与中国文化贸易互补性较高的部分国家并不是中国主要的文化贸易伙伴国，表明中国与"一带一路"沿线国家的文化贸易存在一定程度的市场错配，应加强中国与沿线各国间的文化交流，分区域、有选择性地开拓文化贸易潜力市场，促进与文化贸易互补性较高国家之间的文化贸易往来。

最后，从文化贸易互补性指数的变化来看，2014 年以来中国与"一带一路"沿线国家的文化贸易互补性指数总体呈现下降趋势，表明随着中国与沿线各国文化交流、文化贸易往来增多，以及各国对文化贸易发展的重视，中国与沿线国家文化贸易的竞争将日益增加。

总体而言，随着"一带一路"国际合作的推进，尽管中国与沿线国家文化贸易往来增多，出口占比稳步增长；但文化贸易产品仍然集中于附加值及文化内涵较低的文化制造业领域，文化贸易伙伴主要是文化相似性较高的东南亚国家，且在文化贸易互补性较高的国家间存在一定的市场错配。因此，中国与"一带一路"沿线国家的文化贸易发展仍有较大提升空间，需进一步挖掘和整合中国丰富的文化资源，加大文化设计和创意，优化文化贸易商品结构，避免文化贸易同质性和恶性竞争，增强中国文化贸易商品在国际市场的竞争力；同时增强同文化贸易互补性较高国家间的文化交流，重视文化贸易出口和进口的差异，分区域、有选择地拓宽文化贸易潜力市场，促进中国文化"走出去"。

第五章

中国文化产业在全球价值链中的地位及竞争力

——基于生产分解模型的测度

本章基于世界投入产出数据及新近发展的生产分解模型，从前向联系和后向联系两个维度，定量测算了 2000~2014 年中国文化产业的全球价值链参与度、生产链长度、所处位置及显性比较优势。研究表明：①中国文化产业在全球价值链中的参与程度总体偏低，但前向参与指数呈现增长趋势，且参与复杂程度逐渐提高；②生产链长度总体延长，但由于前向生产链长度始终小于后向生产链长度，中国文化产业仍处于全球价值链的相对下游位置；③中国文化产业虽然表现出较强的国际竞争力，但受全球经贸形势和中国外贸发展的影响较大，行业核心竞争优势有待提高。应加强文化创意产业发展，促进中国对外文化贸易向内容创意的核心环节和全球价值链的上游迈进。

第一节　引言

自 2003 年文化体制改革试点以来，中国文化产业快速发展。根据国家统计局统计数据，中国文化及相关产业增加值由 2004 年 [①] 的 3440 亿元提高到 2020

---

① 中国从 2004 年才开始进行文化产业统计。

年[①]的 44945 亿元，年均增长率约 7.5%；文化及相关产业增加值占 GDP 比重由 2004 年的 2.13% 增加到 2018 年的 4.43%，在国民经济中的占比及对经济增长的贡献率逐年提高。与此同时，中国对外文化贸易稳步增长，2020 年中国对外文化产品和服务进出口总额达到 1442.6 亿美元，贸易顺差 676 亿美元。其中，文化产品进出口额 1086.9 亿美元，连续多年成为全球最大文化产品出口国。

虽然中国文化产业及文化贸易发展已取得明显成效，但与欧美等发达国家的文化产业发展相比，中国仍处于全球文化产业价值链的低端。文化产业链主要由内容创意、产品开发制作、营销推广、传播分销和消费服务五个环节构成，其中内容创意是核心环节（谈国新和郝挺雷，2015）。长期以来，中国文化产业生产处于价值链低端。从文化产业出口结构来看，我国文化产品贸易以电子游戏机、雕塑品及装饰品、印刷品等附加值较低的劳动密集型产品为主（尹宏祯，2015；谢伦灿和杨勇，2017）；从贸易方式来看，欧美等发达国家凭借文化产业发展优势在全球文化产业链中占据主导地位，控制了高技术和高附加值的创意设计、高端研发、品牌和营销环节，中国只能以加工贸易为主，通过外包代工、贴牌加工、版权引进等合作方式嵌入全球文化产业价值链（谈国新和郝挺雷，2015），很少能通过影视、表演艺术、设计等内容创意参与文化产业价值链核心环节。

那么，中国在全球文化产业价值链体系中的参与程度如何？处于价值链上游还是下游位置？国际竞争力表现如何？基于世界投入产出数据和生产分解模型，本章将定量分析中国在全球文化产业价值链中的参与度、所处位置及显性比较优势。本章的研究将为中国对外文化贸易加快融入全球文化产业价值链体系并向价值链高端迈进提供重要的事实依据。

第二节　相关文献综述

全球价值链（GVC）量化评估是衡量一国 / 部门参与国际分工程度常用的方法。最早由 Hummels 等（2001）提出利用垂直专业化率（Vertical Specialization，VS）测度出口产品中国外价值的比例；据此，Johnson 和 Noguera（2012）利用国内增加值出口率（VAX）来衡量一国在全球价值链中的地位。但是 VS 和 VAX 的测算需要满足"所有进口的中间品完全属于国外增加值，且一个国家只能出口一种中间品"的严格假定。为此，Koopman 等（2014）对如何将增加值分配

---

① 2018 年为初步核算数。

至所有参与国进行了详细阐述，并基于出口增加值分解模型（也常被称为KWW模型）将一国对世界的总出口分解为五个部分[①]；在此基础上，Koopman等还构建了GVC参与度和GVC地位指数，用以测算全球价值链中国家/行业层面的GVC地位和参与度。

早期多数学者主要基于出口增加值分解模型以及Koopman等（2004）提出的GVC参与度指数和GVC地位指数探讨制造业或服务业大类的全球价值链地位及其变化。王岚（2014）、周升起等（2014）均利用Koopman提出的GVC地位指数测算了1995~2009年中国制造业整体及内部细分部门的国际分工地位，发现中国制造业整体及细分部门仍处于全球价值链的较低水平；王厚双等（2015）、乔小勇等（2017）则利用相同指数测算了中国服务业整体及细分行业在全球价值链分工中的地位和参与程度，并与美国、英国、德国等其他国家进行了国际比较，发现中国服务业整体国际分工地位呈现先下降后上升的趋势，且与其他国家仍存在较大差距。也有学者利用该指标分析纺织服装业（王飞和郭孟珂，2014）、装备制造业（李焱和原毅军，2017）、汽车产业（李炎等，2018）、光电设备制造业（赵玉焕和李彦敏，2018）等具体行业的全球价值链地位。

但是，基于出口增加值分解模型的GVC参与度指数可能高估部分行业的GVC参与度，例如，采矿业、服务业等通过其他行业进行出口而非直接出口占比较高的部门；此外，该指数忽略了国民经济活动的其他环节在价值链中的影响作用，且只能简单考察国内增加值和国外增加值比例，无法判断GVC参与的复杂程度（Wang等，2007a）。因此，Wang等（2017a）提出生产分解模型，将国家/部门层面的生产活动分解为纯国内需求、传统国际贸易（不涉及中间品贸易）、简单GVC活动（单次跨境合作生产）以及复杂GVC活动（多次跨境合作生产），并从前向联系和后向联系两个维度改进了GVC参与度测度指标。该指标既能测算GVC前向参与度和GVC后向参与度，且能考察简单GVC参与度和复杂GVC参与度，进而能够更为细致地考察一国国家/行业在全球价值链中的地位。基于生产分解模型，Wang等（2017b）重新定义了生产链长度，并通过测算前向联系和后向联系的全球价值链长度，构建了国家/部门层面的全球价值链位置指数。魏如青等（2018）、张会清和翟孝强（2018）基于新提出的生产分解模

---

① 五个部分分别是：第一，作为最终产品和服务，并被直接进口国吸收的出口中的国内增加值；第二，被直接进口国用来生产且被吸收的国内产品的中间产品出口中的国内增加值；第三，被直接进口国用来生产产品，再出口至第三国且被最终吸收的中间品出口中的国内增加值（间接增加值出口）；第四，被直接进口国用来生产产品再返回到本国且被最终吸收的中间品出口中的国内增加值（返回的国内增加值）；第五，总出口中来自国外的增加值（出口中隐含的国外增加值）。

型，重新考察了中国整体及 56 个行业部门的全球价值链参与程度及其位置变化，发现中国参与全球价值链的指数整体在上升，但主要竞争力优势体现在制造业部门。

具体到文化产业部门，多数学者只是定性探讨全球价值链视角下文化产业的升级（靳静和李薇，2010），文化产业的全球价值链特征（李勇军和黄柏青，2014；郭万超和马萱，2015）以及中国文化产业价值链的提升（谈国新和郝挺雷，2015；谢伦灿和杨勇，2017）。在定量研究中，仅郭新茹等（2014）利用一国生产的文化产品在世界总产出中的份额衡量文化产品的技术含量，对比分析了中国与美国、日本、德国等十国的文化产业参与国际分工的现状。但实际上，作者只是考察了一国文化产品的市场占有率，尚未涉及真正意义上的全球价值链参与度或地位分析。因此，本章将基于 2016 年发布的世界投入产出数据和生产分解模型，从前向联系和后向联系定量分析中国在全球文化产业价值链中的参与度，并进一步考察所处具体位置及显性比较优势，从多个角度探讨中国文化产业参与国际分工的地位和竞争力，为促进中国对外文化贸易向全球文化产业价值链高端跃升提供重要的事实依据。

第三节　全球价值链测度指标和数据说明

全球价值链量化评估常用的方法是基于世界投入产出数据和出口增加值分解的 KWW 模型，但是 Wang 等（2017a、2017b）构建的生产分解模型能够更系统、更准确地分析全球价值链特征（魏如青等，2018）。参照 Wang 等（2007a、2017b），可以从前向联系和后向联系两个视角测度一国／部门层面的全球价值链参与度，并根据新定义的生产链长度测算出全球价值链位置指数，以及重新构建显性比较优势指标。

一、测度指标

（一）前向参与度（ $GVCPt\_f$ ）

前向参与度可用一国／部门通过下游企业参与 GVC 活动而获得的国内增加值占该国／部门生产增加值总额的比例来衡量。根据生产分解模型，一国／部门层面的国内生产增加值 Va' 主要有三大去向：① 包含在直接用于国内市场的最终产品的增加值 V_D ；②包含在直接用于出口的最终产品的国内增加值 V_RT ；③包含在中间产品出口里的国内增加值 V_GVC ，且 V_GVC 可进一步划分为被直接进口国吸收的出口中间品包含的国内增加值 V_GVC_S，以及被复出口或复进口的出口中间品包含的国内增加值 V_GVC_C。即：

$$Va^{'}=\hat{V}BY=\underbrace{\hat{V}LY^{D}}_{V\_D}+\underbrace{\hat{V}LY^{F}}_{V\_RT}+\underbrace{\hat{V}LA^{F}LY^{D}}_{V\_GVC\_S}+\underbrace{\hat{V}LA^{F}(BY-LY^{D})}_{V\_GVC\_C} \qquad (5-1)$$

其中，V_D 不涉及贸易活动，V_RT 属于传统的最终产品出口贸易，两者均不涉及 GVC 活动，只有 V_GVC 涉及 GVC 参与活动，且 V_GVC_S 只涉及一次简单的跨境生产合作，因此被称作"简单 GVC 活动"，V_GVC_C 则涉及多次复杂的跨境生产合作，因此被称作"复杂 GVC 活动"。据此，一国 / 部门层面的 GVC 前向参与度可表示为：

$$GVCPt\_f=\frac{V\_GVC}{Va^{'}}=\frac{V\_GVC\_S}{Va^{'}}+\frac{V\_GVC\_C}{Va^{'}} \qquad (5-2)$$

（二）后向参与度（$GVCPt\_b$）

后向参与度通常利用一国 / 部门最终产品和服务生产中通过上游企业参与 GVC 活动获得的国内增加值占比来衡量。根据生产分解模型，一国 / 部门最终产品的国内生产增加值 $Y^{'}$ 主要有三大来源：① 来源于国内生产的最终产品的国内增加值 Y_D；② 来源于最终产品进口的增加值 Y_RT；③来源于进口中间品的国内和国外增加值 Y_GVC，且 Y_GVC 可进一步划分为用于国内最终产品消费的进口中间品里包含的外国增加值 Y_GVC_S 和用于最终产品或中间品出口的进口中间品里包含的外国增加值 Y_GVC_C。即：

$$Y^{'}=VB\hat{Y}=\underbrace{VL\hat{Y}^{D}}_{Y\_D}+\underbrace{VL\hat{Y}^{F}}_{Y\_RT}+\underbrace{VLA^{F}L\hat{Y}^{D}}_{Y\_GVC\_S}+\underbrace{VLA^{F}(B\hat{Y}-L\hat{Y}^{D})}_{Y\_GVC\_C} \qquad (5-3)$$

其中，Y_D 不涉及贸易，Y_RT 属于传统的最终产品进口贸易，两者均不涉及 GVC 活动参与，只有 Y_GVC 涉及 GVC 活动，且 Y_GVC_S 只涉及一次跨境生产合作，为"简单 GVC 活动"，Y_GVC_C 涉及多次跨境生产合作，为"复杂 GVC 活动"。因此，一国 / 部门层面的 GVC 后向参与度可表示为：

$$GVCPt\_b=\frac{Y\_GVC}{Y^{'}}=\frac{Y\_GVC\_S}{Y^{'}}+\frac{Y\_GVC\_C}{Y^{'}} \qquad (5-4)$$

（三）全球价值链的生产链长度和位置指数

Wang 等（2017b）还重新定义了生产链长度（Length of Production Chain），即一国 / 部门的初始投入品到另一国特定部门最终产品的生产阶段平均数量，可用生产过程中初始投入品的增加值被计入最终产品总产出的平均次数来衡量。结合前向参与度和后向参与度指数，可以得到全球价值链的长度测算公式，以及一国/部门层面的全球价值链位置指数。根据式（5-1）和式（5-3）中关于 GVC 参与活动的划分和分解形式，一国前向参与全球价值链的生产链长度指标 PLv_GVC 和后向参与全球价值链的生产链长度指标 Ply_GVC 可表示为：

$$PLv\_GVC = PLv\_GVC\_S + PLv\_GVC\_C$$
$$= \frac{Xv\_GVC\_S}{V\_GVC\_S} + \frac{Xv\_GVC\_C}{V\_GVC\_C} = \frac{Xv\_GVC}{V\_GVC} \qquad (5-5)$$

$$PLy\_GVC = PLy\_GVC\_S + PLy\_GVC\_C$$
$$= \frac{Xy\_GVC\_S}{Y\_GVC\_S} + \frac{Xy\_GVC\_C}{Y\_GVC\_C} = \frac{Xy\_GVC}{Y\_GVC} \qquad (5-6)$$

其中，PLv_GVC_S 和 PLv_GVC_C 分别为前向联系简单 GVC 活动的生产链长度和复杂 GVC 活动的生产链长度，V_GVC_S 和 V_GVC_C 均与式（5-1）相同，V_GVC 表示包含在中间品出口中的国内增加值，Xv_GVC 表示这些增加值形成的全球总产出。式（5-6）中的 PLy_GVC_S 和 PLy_GVC_C 分别表示后向联系简单 GVC 活动的生产链长度和复杂 GVC 活动的生产链长度，Y_GVC_S 和 Y_GVC_C 均与式（5-3）相同，Y_GVC 表示包含在进口中间品中的增加值，Xy_GVC 表示这些增加值在进口国形成的最终产出。Xv_GVC 和 Xy_GVC 的具体计算过程详见 Wang 等（2017b）。

PLv_GVC 和 PLy_GVC 即为全球价值链的上游度指数和下游度指数。PLv_GVC 数值越大，表示一国特定部门的初始投入品到其他国家最终产品的过程中经历的长度越长，该部门越处于全球价值链的上游；PLy_GVC 数值越大，表示外国初始投入品到一国特定部门最终产品的过程中经历的长度越长，该部门越处于全球价值链的下游。对比上下游指数的相对位置，可得到一国特定部门的全球价值链位置指数：

$$GVCPs = \frac{PLv\_GVC}{(PLy\_GVC)} \qquad (5-7)$$

$GVCPs$ 的数值越大，表明一国特定部门越处于全球价值链的上游位置。式（5-7）表明全球价值链位置指数与生产链长度密切相关，但生产链长度可能不能直接表明全球价值链的位置。只有通过综合考虑一国特定部门在全球价值链中的前向生产链长度和后向生产链长度，同时确定全球价值链所处位置与所有相关生产链的起始阶段和结束阶段的"距离"，才能准确测算一国特定部门在全球价值链中的相对"上游"或"下游"位置。因此，该指数综合考虑了一国特定部门所处的上下游位置，能够准确度量一国/部门层面的全球价值链相对地位，从而克服了 Fally（2012）、Antras 和 Chor（2013）等文献中相应指标反映的位置次序不一致的问题（Wang 等，2017b）。此外，在全球加总的层面上，*GVCPs* 的数值等于 1，因此一国 / 部门层面的全球价值链位置指数在 1 的上下浮动，能够清晰、客观地描绘一国特定部门在全球价值链中的地位。

（四）显性比较优势指数

基于出口增加值分解模型，Koopman 等（2014）和王直等（2015）提出了测算显性比较优势的新方法。但对于生产增加值占比较高但直接出口值较少的部门而言，基于出口增加值分解的显性比较优势指数不能客观反映该部门的国际竞争力，且中间品贸易的重复计算可能高估显性比较优势指数。因此，根据前向联系的生产分解模型，可构建得到新的显性比较优势指数 $NRCA_i^r$：

$$NRCA_i^r = \left[\frac{DVA\_f_i^r}{\sum_i^n DVA\_f_i^r} \right] \Big/ \left[\frac{\sum_r^G DVA\_f_i^r}{\sum_r^G \sum_i^n DVA\_f_i^r} \right] \quad (5\text{-}8)$$

其中，$DVA\_f_i^r$ 表示 r 国 i 部门出口的国内增加值，与式（5-1）相同。

二、数据说明

本章使用的相关数据源于 2016 年公布的世界投入产出表（WIOD），该数据库公布了 2000~2014 年世界 44 个经济体（包括 43 个主要国家 / 地区和 1 个"世界其他地区"）的 56 个部门的国家 / 地区间投入产出数据。其中，属于文化产业的有三个部门：印刷业和记录媒介复制业[①]（C09），出版业（C37），电影、录像和电视节目的制作、录音及音乐作品出版活动、电台和电视广播（C38）。但是，各年世界投入产出表中中国 C37、C38 部门与其他经济体之间的投入产出数据均为 NA，可能的原因是中国尚未统计相关部门数据，或者相关部门尚未参与国际分工体系，不存在中国与其他国家 / 地区间的投入产出关联。

因此，本章以印刷业和记录媒介复制业为例重点考察中国在全球文化产业价值链中的地位特征。印刷业和记录媒介复制业是文化产业的主要载体实现形式，具有文化产业和制造业的双重属性，是新闻出版业中开放最早、范围最广、力度最大的领域，也是中国文化产业参与国际分工体系和全球价值链的重要部门。根据国家统计局数据显示，2020 年中国印刷和记录媒介复制业规模以上企业达到5708 家，主营业务总收入达到 6472 亿元，印刷业总规模位居全球第二，中国已

[①] 根据国民经济行业分类与代码（GB/T 4754-2017），印刷业和记录媒介复制业主要包括图书、报纸印刷，本册印制，包装装潢及其他印刷，记录媒介复制等。

是全球重要的印刷加工基地。本章研究原始数据来源于对外经济贸易大学全球价值链研究院。

第四节　中国文化产业参与全球价值链的程度、位置及国际竞争力

一、中国文化产业在全球价值链中的参与度

（一）中国文化产业的前向参与度和后向参与度

由图 5-1 可知，中国文化产业在全球价值链中的前向参与度与后向参与度总体程度相当，2000~2014 年前向参与度指数的平均值为 0.143，后向参与度指数的平均值为 0.148。从动态角度来看，中国文化产业在全球价值链中的前向参与度和后向参与度均呈现"M"形变化趋势，但不同时期参与全球价值链的主要方式存在差异。

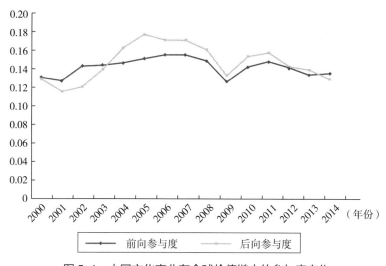

图 5-1　中国文化产业在全球价值链中的参与度变化

（1）2000~2003 年，中国文化产业在全球价值链中的前向参与度和后向参与度均小幅提高，且更多的是以前向参与的方式参与国际分工体系。2000 年中国文化产业在全球价值链中的前向参与度指数为 0.131，后向参与度指数为 0.130，2003 年前向参与度指数和后向参与度指数分别提高到 0.145 和 0.140。这一时期

中国处于积极申请"入世"阶段，中国文化产业刚刚起步，为充分体现扩大开放的时代要求，推动文化产业嵌入全球价值链中，2001年国务院颁布实施了修订后的《印刷业管理条例》，新条例取消了老条例中全面禁止外商独资经营印刷企业的条款。这一措施促进了文化产业的国际化发展，提高了文化产业在全球价值链中的参与程度。

（2）2004~2007年，中国抓住"入世"机遇，加速融入国际分工体系，文化产业在全球价值链中的前向参与度和后向参与度继续保持增长态势，前向参与度指数和后向参与度指数分别由2003年的0.145和0.140提高到2007年的0.156和0.171。但这一阶段中国主要以加工贸易的方式参与国际分工，文化产业也以外包代工、贴牌加工、版权引进为主的方式融入全球价值链，因此中国文化产业在全球价值链中的后向参与度增幅更大，超过前向参与度指数成为中国文化产业融入全球价值链的主要方式。

（3）2008~2011年，受国际金融危机影响，文化产业前后向参与度指数均出现短暂下降，2009年前向参与度指数和后向参与度指数分别降为0.128和0.134；但随着危机冲击消退和全球经济的逐渐复苏又再度回升，2011年前后向参与度指数分别提高到0.148和0.158。尽管如此，中国文化产业仍以后向参与为主的方式参与全球价值链。

（4）2012~2014年，受世界经济形势低迷、贸易保护主义兴起等因素的影响，中国文化产业在全球价值链中的前向参与度和后向参与度再次出现下降趋势。2014年后向参与度指数仅为0.130，相当于2000年的后向参与程度；与后向参与度指数持续减小趋势不同的是，中国文化产业在全球价值链中的前向参与度指数由2011年的0.148降为2013年的0.135后开始呈现小幅增长的态势。可能的原因是中国促进文化产业和加工贸易转型升级的政策措施取得一定成效，推动中国文化产业向内容创意、设计服务等核心环节迈进，进而更多地以前向参与的方式融入全球价值链。

（二）中国文化产业的简单参与度和复杂参与度

从全球价值链参与度的复杂程度来看（见表5-1），2000~2014年中国文化产业前向简单参与占前向参与程度的比重平均值为67.15%，后向简单参与占后向参与程度的比重平均值为67.49%，表明不论是前向参与还是后向参与，中国文化产业主要以简单参与的方式参与国际分工体系，即出口的文化中间产品主要用于生产直接进口国的最终消费品，或进口的中间产品主要用于本国最终消费品的生产，很少出现二次或多次跨境合作生产的情况。可能的原因是，文化产业以创意为核心内容，文化产业的价值链更多地偏向于创意型的生产经营，由于语言、文化差异、文化资源、创意人才等因素的差异，不同国家 / 地区开展跨国创意策划合作的难度和复杂程度更大（尹宏祯，2015），因此更多是以制作外包、贴牌代工、版权转让等简单跨国合作生产的方式形成文化产业国际分工价值链。

表 5-1　中国文化产业全球价值链参与度的复杂程度

年份	前向参与度			后向参与度		
	参与度指数	简单参与占比（%）	复杂参与占比（%）	参与度指数	简单参与占比（%）	复杂参与占比（%）
2000	0.131	70.52	29.48	0.130	72.14	27.86
2001	0.128	70.95	29.05	0.116	72.89	27.11
2002	0.143	69.11	30.89	0.121	72.23	27.77
2003	0.145	68.67	31.33	0.140	70.93	29.07
2004	0.147	66.91	33.09	0.164	69.28	30.72
2005	0.151	66.25	33.75	0.177	68.80	31.20
2006	0.157	65.88	34.12	0.172	68.90	31.10
2007	0.156	66.27	33.73	0.171	67.80	32.20
2008	0.150	64.79	35.21	0.161	65.59	34.41
2009	0.128	67.55	32.45	0.134	65.47	34.53
2010	0.143	66.22	33.78	0.155	63.54	36.46
2011	0.148	65.70	34.30	0.158	64.16	35.84
2012	0.143	66.22	33.78	0.143	63.37	36.63
2013	0.135	65.89	34.11	0.140	63.27	36.73
2014	0.136	66.28	33.72	0.130	64.04	35.96
均值	0.143	67.15	32.85	0.148	67.49	32.51

值得注意的是，2000~2014 年中国文化产业在全球价值链中的前向简单参与占比和后向简单参与占比均呈现整体减小的趋势，2000 年中国文化产业的前向简单参与占比为 70.52%，后向简单参与占比高达 72.14%，2014 年分别下降到 66.28% 和 64.04%，表明中国文化产业在全球价值链中的参与复杂程度总体提高，融入全球文化产业国际分工体系的层次加深，与其他国家 / 地区文化产业发展的关联更加紧密。

（三）中国文化产业全球价值链参与度的国际比较

图 5-2 对比了中国文化产业全球价值链参与度前十位国家以及世界平均的

参与度指数。由图 5-2 可知，2000~2014 年中国文化产业在全球价值链中的参与度明显低于世界各国/地区文化产业参与度的平均水平，与卢森堡、马耳他等国家的参与度差距很大。观察期内中国文化产业的全球价值链参与度指数均值为 0.290，在 43 个国家/地区中居第 36 位，全球文化产业的参与度指数均值为 0.490，约为中国文化产业全球价值链参与度的 2 倍。文化产业全球价值链参与度指数前十位的国家中，首先是卢森堡的参与度指数，高达 1.277，位居世界第一，其次是马耳他、爱尔兰，两国的参与度指数均超过 1，分别为 1.181 和 1.146。此外，爱沙尼亚、奥地利、比利时、荷兰、塞浦路斯、捷克和匈牙利的文化产业全球价值链参与度均超过 0.5，成为文化产业国际分工体系的重要参与国。从文化产业的生产分解来看，前十位国家的文化产业生产增加值总体规模并不大，但这些国家都是传统发达国家，文化产业的国际化程度较高，涉及 GVC 参与活动的生产增加值比例较高，因此这些国家的文化产业在全球价值链中的参与程度普遍很高。例如，2014 年卢森堡文化产业中直接用于本国最终消费的增加值 V_D 仅 4.753 百万美元，用于最终产品出口的增加值 V_RT 仅 7.903 百万美元，但涉及 GVC 参与活动的中间产品出口的增加值 V_GVC 竟高达 42.433 百万美元。

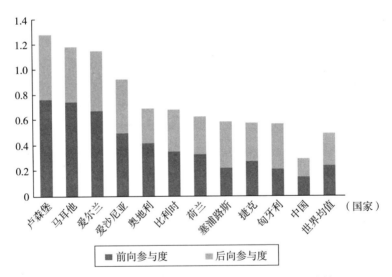

图 5-2　中国文化产业全球价值链参与度的国际比较

从全球价值链前向和后向参与度来看，中国文化产业在全球价值链中的前向参与度与后向参与度程度差异不大。相比而言，文化产业全球价值链参与度排名前七位的国家均是以前向参与为主，例如，卢森堡的前向参与度指数为 0.763，后向参与度为 0.513；马耳他的前向参与度指数为 0.744，后向参与度仅 0.437；

爱尔兰的前向参与度指数为 0.670，后向参与度为 0.475，这些国家的文化产业在全球价值链中的前向参与度均明显超过后向参与度。此外，塞浦路斯、捷克、匈牙利的文化产业全球价值链参与度虽然也进入世界前十位，但更多的是以后向参与的方式融入全球价值链。2000~2014 年塞浦路斯、捷克、匈牙利的前向参与度指数分别为 0.217、0.271 和 0.206，后向参与度分别为 0.370、0.298 和 0.360。

二、中国文化产业在全球价值链中的生产链长度和位置

如图 5-3 所示，2000~2014 年中国文化产业在全球价值链中的生产链长度呈现"V"形变化态势：2000~2002 年，中国文化产业前向参与全球价值链的生产链长度和后向参与的生产链长度均出现下降趋势，生产链总长度由 2000 年的 9.354 减小到 2002 年的 9.252；此后，中国文化产业积极利用"入世"机遇，加快参与日益细化的国际分工体系，促进文化产业"走出去"，这一时期的前向生产长度和后向生产长度均明显增加，2014 年生产链总长度延长至 11.132，表明中国文化产业在全球价值链中的生产链条延长，参与文化产业国际分工体系的程度加深。

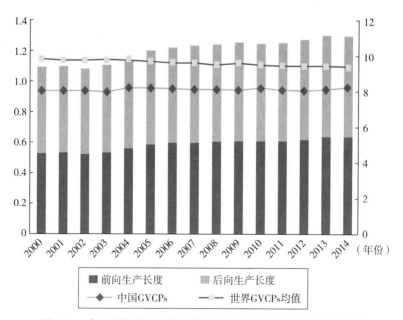

图 5-3　中国文化产业在全球价值链中的生产链长度和位置变化

但是，由于前向生产链长度总是小于后向生产链长度，且两者变化趋势基本

一致，2000~2014 年中国文化产业的全球价值链位置指数一直小于 1，并在 0.950 上下波动：2000~2003 年的价值链位置向下游小幅延伸，价值链位置指数由 2000 年的 0.936 减小到 2003 年的 0.925，2004~2014 年的价值链位置整体向上游演进，2004 年价值链位置指数增加到 0.951，虽然中间年份出现小幅波动，但总体保持增长态势，2014 年价值链位置指数为 0.958，但中国文化产业仍长期处于全球价值链的相对下游位置。

此外，中国文化产业在全球价值链中所处的位置明显低于世界平均水平，中国的位置指数均值为 0.944，世界文化产业的位置指数均值为 1.120，表明中国文化产业前向参与全球价值链所经历的生产阶段总体少于后向参与全球价值链所经历的生产阶段，而世界平均的前向生产链长于后向生产链长度，中国文化产业在全球价值链中处于相对下游的位置。值得注意的是，2000~2014 年全球文化产业的位置指数均值呈现下降趋势，由 2000 年的 1.147 减小到 2014 年的 1.095，表明全球文化产业的全球价值链总体向下游延伸，世界各国更多以后向关联的方式参与文化产业国际分工体系中，而创意设计、高端研发等核心环节仍主要掌握在欧美等少数发达国家手中。

三、中国文化产业在全球价值链中的竞争力

本章利用基于生产分解模型重新构建的显性比较优势指数测算中国文化产业在全球价值链中的国际竞争力。如图 5-4 所示，中国文化产业在全球价值链中的显性比较优势总体呈现 "V" 形趋势。2000~2002 年中国文化产业在全球价值链中的国际竞争力小幅提高，这一阶段是中国正式加入 WTO 前期，中国文化产业积极融入国际分工体系，且主要以前向参与的方式嵌入全球价值链，国际竞争力增强；但在 2003~2007 年，随着中国 "入世"，中国文化产业在全球价值链中的后向参与度快速增加，导致中国文化产业转变为以后向参与为主融入全球价值链，在创意设计、开发制作等核心环节的竞争力相对降低，显性比较优势指数由 2002 年的 1.615 减小到 2007 年的 0.957，降幅高达 36.69%。2008~2014 年，受国际金融危机影响，中国文化产业的后向参与度明显下降，加上中国加快推进文化产业转型升级，中国文化产业在全球价值链中的国际竞争力逐渐提高，2014 年显性比较优势指数已增加到 1.282。

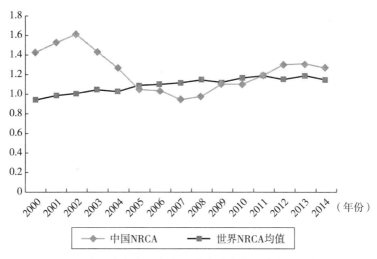

图 5-4　中国文化产业在全球价值链中的显性比较优势变化

　　与世界各国（地区）文化产业在全球价值链中的显性比较优势指数均值相比，中国文化产业在全球价值链中的国际竞争力整体高于世界平均水平，中国文化产业的显性比较优势指数均值为 1.245，世界平均显性比较优势指数为 1.099。虽然中国的文化产业在全球价值链中处于下游位置，但作为加工贸易大国，中国在承接文化产业制作外包、贴牌加工等后向环节上仍具有一定的竞争优势。尤其是对于印刷和记录媒介复制业而言，中国已是全球重要的印刷加工基地。与中国文化产业显性比较优势变化不同的是，全球文化产业显性比较优势均值呈现持续提高的态势，2000 年显性比较优势指数均值为 0.944，2011 年达到最高值 1.197，而后虽然出现小幅下降，但 2014 年仍保持在 1.152。表明文化产业在全球价值链中的国际竞争力整体在提高，但是中国文化产业的国际竞争力受全球经贸形势和中国对外贸易的影响较大，行业自身的竞争优势有待提高。

本章小结

　　基于世界投入产出数据和生产分解模型，本章定量分析了中国文化产业在全球价值链中的参与程度、位置指数和国际竞争力。研究表明：

　　第一，中国文化产业在全球价值链的参与程度总体偏低，2000~2014 年中国文化产业在全球价值链中的参与度指数平均值为 0.291，其中前向参与度指数均值为 0.143，后向参与度指数均值为 0.148，表明中国文化产业的生产增加值中涉及国际分工和全球价值链参与活动的比例仅为 29.10%，国际化程度较低。

从全球价值链的参与方式来看，中国文化产业在全球价值链中的前向参与度与后向参与度总体程度相当，且均呈现"M"形变化趋势：2000~2003年，中国处于积极申请"入世"阶段，这一时期中国文化产业在全球价值链中的前向参与度和后向参与度均小幅提高，且更多的是以前向关联的方式参与国际分工体系。2004~2007年，中国抓住"入世"机遇，加速融入国际分工体系，文化产业在全球价值链中的前向参与度和后向参与度继续保持增长态势；但这一阶段，中国文化产业以外包代工、贴牌加工、版权引进为主的方式融入全球价值链，因此，中国文化产业在全球价值链中的后向参与度增幅更大，并超过前向参与度指数，成为中国文化产业融入全球价值链的主要方式。2012~2014年，受世界经济形势低迷、贸易保护主义兴起等因素的影响，中国文化产业在全球价值链中的前向参与度和后向参与度再次出现下降趋势。但随着中国促进文化产业和加工贸易转型升级的政策措施取得一定成效，中国文化产业在全球价值链中的前向参与度指数在2013年之后开始增长，表明中国文化产业在内容创意、设计服务等核心环节的参与度和国际化程度提高。

从全球价值链参与度的复杂程度来看，中国文化产业主要以简单参与的方式参与国际分工体系，2000~2014年中国文化产业前向简单参与占前向参与程度的比重平均值为67.15%，后向简单参与占后向参与程度的比重平均值为67.49%，中国文化产业参与多个国家（地区）文化产业合作生产的情况较少。但是，中国文化产业在全球价值链中的简单参与占比整体在降低，随着中国文化产业国际化程度的提高和生产链条的延长，中国与其他国家（地区）文化产业发展的关联日益紧密，融入全球文化产业国际分工体系的层次加深。此外，中国文化产业在全球价值链中的参与度明显低于世界平均水平，在43个国家/地区中仅居第36位，与卢森堡、马耳他等国家的参与度指数差距明显。

第二，中国文化产业在全球价值链中的生产链长度总体延长，生产链长度指数由2000年的9.354提高到2014年的11.132，表明中国文化产业参与全球价值链分工的程度加深。但由于前向生产链长度总是小于后向生产链长度，中国文化产业在全球价值链中的位置指数一直小于1，且明显低于世界文化产业位置指数的平均值，表明中国文化产业在全球价值链中处于相对下游的位置。

第三，凭借中国作为文化产业和加工贸易大国的优势，中国文化产业在全球价值链中具有一定的国际竞争力。2000~2014年，中国文化产业在全球价值链中的国际竞争力呈现"V"形变化趋势。随着中国正式"入世"，中国文化产业更多地以制作代工、贴牌加工、版权引进等后向关联方式参与国际分工，在全球价值链中的国际竞争力明显降低；但随着中国重视文化创意、加强文化创新，促进文化产业转型升级，中国文化产业的国际竞争力日益增强。

中国文化产业在全球价值链中的参与度和国际化程度整体偏低，且主要以后向关联的方式参与国际分工体系；虽然在全球价值链中的生产链条延长，参与国际分工的程度加深，但长期处于相对下游的位置。未来中国应坚持促进文化对外交流和文化贸易发展，借助"一带一路"建设的契机，促进中国文化产业和文化企业"走出去"，进一步提高中国文化产业的国际化程度和在全球价值链中的参与程度。此外，应坚持优化文化贸易结构，加强知识产权保护，推进文化产业创意内容设计和开发的跨国合作，促进中国对外文化贸易向内容创意的核心环节和全球价值链的上游迈进，推进中国对外文化贸易高质量发展。

第六章

知识产权保护对文化产业全球价值链提升的影响及作用机制

　　文化产品的核心价值是创意，知识产权保护是文化贸易高质量发展的制度保障。本章基于 2000~2014 年 42 个国家的面板数据，实证研究了知识产权保护对印刷业和记录媒介复制业、出版业、电影录像和电视节目制作业三种类型文化行业全球价值链的影响，并进一步探讨了这一影响是通过前向关联全球价值链活动还是后向关联全球价值链活动产生，以及知识产权保护对不同收入水平国家文化产业影响的异质性、知识产权保护对中国文化产业发展的影响。

第一节　引言

　　文化产业不仅是国家软实力的象征，更是当前国民经济新的增长点，有望成为国民经济支柱性产业。文化产业的核心价值在于内容创意，相比一般商品内容创意具有高附加值、高知识性和高渗透性，加上内容创意的无体性，文化创意很容易被别人复制、剽窃。尤其在互联网时代，随着文化与信息技术、金融深度融合，文化创意产品的表现形式和传播方式更加多样化，导致文化创意内容攫取的便利性大大提高。文化产业知识产权保护的重要性和迫切性愈加凸显。

　　国家知识产权局有关负责人指出"中国知识产权保护仍存在侵权赔偿标准低等问题，要建立知识产权侵权惩罚性赔偿制度，进一步加强知识产权保护，确立知识产权'严保护'的政策导向"。2019 年 11 月 24 日，中共中央办公厅、国务院办公厅印发《关于强化知识产权保护的意见》（以下简称《意见》），对中国进一步加强知识产权保护作出全面部署。《意见》强调，知识产权保护是中国经济创新驱动发展的"刚需"。

作为国民经济支柱性产业，文化产业的创新发展和价值链提升更需要知识产权保护的保驾护航。一般而言，一国特定产业通过前向关联和后向关联两种方式参与全球价值链（Wang 等，2017）。那么，知识产权保护对文化产业全球价值链提升作用到底有多大？对前向关联和后向关联两种方式的影响有何不同？具体的作用机制是什么？世界投入产出表统计了"印刷和记录媒介复制业""出版业""电影、录像和电视节目的制作、录音及音乐作品出版活动、电台和电视广播"三类文化行业的国家间投入产出数据，据此可算出不同类型文化行业的全球价值链地位。因此，本章利用 2000~2014 年 42 个国家的面板数据，实证检验了知识产权保护对文化产业全球价值链的影响及其具体的作用途径，从文化产业价值链的视角探讨影响中国对外文化贸易高质量发展的关键领域和重要因素。

第二节　文化产业知识产权保护的相关文献综述

针对文化产业的知识产权保护，多数文献只是定性论述了文化产业知识产权保护的重要性。Plant（1934）认为，图书作者只有持续地获得报酬，才能持续地创作和出版书籍，而这需要版权保护制度的建立。Picard 和 Toivonen（2004）通过分析版权产业对国民经济的贡献，论述了版权保护对版权价值创造和产业发展的重要性。陈霞（2012）强调中国文化产业发展的根本问题是知识产权在其中的定位问题，知识产权保护是文化产业发展的前提、保障、动力和源泉。Christian 和 Sophie（2011）以时装业（fashion industry）为例，探讨了知识产权保护对时装业创新的重要性，以及不同经济主体应采取不同策略保护版权、商标权以保护新旧创新以及个人与集体的创新。孙玉荣（2016）强调随着"互联网＋文化产业"的深度融合，知识产权保护成为文化产业健康稳定发展的灵魂。林琳（2018）认为，"互联网＋文化产业"的发展离不开知识产权保护，它是文化产业发展的基础与保障，决定着文化产业的前景和未来发展趋势。

部分学者重点分析了中国文化产业知识产权保护存在的问题。毛牧然等（2014）指出，中国网络文化产业知识产权保护面临网络文化企业在实施企业知识产权战略方面的能力不足、网络著作权的刑法保护乏力、网络知识产权案件的司法审判质量不高、对不同过错知识产权侵权的损害赔偿责任没有区别对待等诸多问题。陈丽莉（2018）认为，中国文化产业知识产权保护的法律体系和执法监管力度不断完善，但仍存在立法滞后、部分企业维权意识缺位以及打击网络盗版立法不健全等问题。白钰瑶（2019）指出，中国文化产业知识产权保护存在企业知识产权管理制度不健全、文化产业知识产权侵权行为复杂化等问题。

针对知识产权保护对文化产业的影响，多数学者侧重实证分析知识产权对文化产业或文化贸易发展的影响。彭辉和姚颉靖（2012）以版权为例，利用2008年51个国家的相关数据，实证发现版权保护程度与版权贸易水平呈倒"U"形关系。李亚波（2015）利用世界经济论坛发布的知识产权保护指数，以及18个国家从20个经济合作与发展组织（OECD）国家进口文化创意产品的贸易数据实证检验了知识产权保护力度对文化创意产品进口额的影响，发现知识产权保护对发展中国家的文化创意产品进口存在显著的正向作用。王洪涛和王翔（2017）利用相似的知识产权保护指数，以及2008~2012年中国文化产品出口24个国家和地区的相关数据，实证分析了进口国知识产权保护对中国文化产品出口的影响，发现进口国知识产权保护对中国文化产品出口存在正向的市场扩张效应。但是，进口国知识产权保护对中国视觉艺术类及出版类文化产品出口存在显著负向影响。郭壬癸和乔永忠（2019）构建了版权保护强度测度指标体系，实证检验了2000~2015年版权保护强度对中国文化产业生产增加值的影响。研究发现，版权保护强度与文化产业增加值存在倒"U"形相关关系；对于中国而言，"U"形的拐点出现在2003~2004年。

近年来，随着全球价值链研究的增多，部分学者基于国家层面的面板数据实证检验了知识产权保护对技术复杂度、出口增加值或全球价值链参与地位的影响。代中强等（2015）利用世界经济论坛发布的知识产权保护指数，以及2005~2010年全球66个国家的相关数据，研究发现知识产权保护对服务贸易出口技术复杂度存在"U"形关系，且对不同收入国家的影响存在异质性：对发达国家的影响表现为正向线性关系，而发展中国家为"U"形关系；余骁和郭志芳（2017）基于全球价值链分工背景下的委托代理模型，利用2000~2011年36个经济体14个制造业行业的出口国内附加值率，分析了知识产权保护对一国全球价值链分工收益的影响。研究表明，知识产权保护对不同收入国家价值链分工收益的影响存在显著差异，知识产权保护对发展中国家价值链分工收益存在倒"U"形关系，因此，过高的知识产权保护可能成为发达国家企业增强价值链利润掌控能力的外在制度性保障。此外，研究还发现，中国部分高技术行业已处于知识产权保护的技术进步抑制区间。黄蕙萍和万平（2018）利用世界经济论坛发布的知识产权保护指数以及40个国家的制造业附加值贸易数据，实证研究了知识产权保护对制造业贸易利益的影响，发现加强知识产权保护能够促进制造业贸易利益的增加，且对资本技术密集型和知识密集型行业贸易利益的正向作用高于劳动密集型行业。杨珍增和刘晶（2018）基于GP指数和Fraser指数构建了知识产权有效保护指标，测算了2000~2009年36个经济体、16个行业层面的Koopman全球价值链地位指标，实证检验了知识产权保护对全球价值链地位的影响。研究表明，加强知识产权保护能够提高一国的全球价值链地位，且这种影响在专利密集度较高、模仿成本较低的行业上表现得更强。屠年松和曹宇芙（2019）以类似方法构建了知识产权有效保护指标，并利用2000~2011年33个经济合作与发展组织（OECD）国家的相关数据，实证分析了知识产权保护对服务业全球价值链地位的影响。研究发现，加强知识产权保护对一国服务业全球价值链地位存在显著正向影响；但这种影响在高收入国家中更为明显。此外，张慧颖和邢彦（2018）、唐保庆等（2018）利用中国省际面板数据的分析同样发现知识产权保护对全球价值链存在正向或"U"形关系。

已有文献对知识产权保护影响文化产业或全球价值链发展进行了较为丰富的研究，但主要集中于知识产权保护对文化产业生产增加值或文化贸易，以及知识产权保护对制造业或服务业全球价值链的影响分析上。文化产业生产或文化贸易增长不能等同于文化产业全球价值链提升，且已有研究仅仅考察知识产权保护对文化产业发展的影响，而缺乏进一步对这一影响机制和途径的探讨。因此本章侧重探讨知识产权保护对文化产业全球价值链地位的影响，并进一步考察该影响的具体作用方式。

第三节　变量说明及数据来源

一、文化产业全球价值链

文化产业全球价值链相关数据来源于2016年公布的世界投入产出表（WIOD），该数据库公布了2000~2014年世界44个经济体（包括43个主要国家/地区和1个"世界其他地区"）的56个部门的国家/地区间投入产出数据。其中，属于文化产业的有三个部门：印刷业和记录媒介复制业（C09），出版业（C37），电影、录像和电视节目的制作、录音及音乐作品出版活动、电台和电视广播（C38）。本章剔除台湾地区，选定42个国家作为本章研究的样本。

根据世界投入产出表数据，对外经济贸易大学全球价值链研究院利用生产分解模型（Wang等，2017）测算了各国（地区）不同行业的显示性比较优势指数、前向关联全球价值链活动增加值、后向关联全球价值链活动增加值等丰富的指标[①]。这些指数能够较好地反映文化产业参与全球价值链状况，因此用作本章实证检验中的被解释变量。

二、知识产权保护水平测度

已有文献主要利用两种方法定量测算知识产权保护程度：

一种方法是基于 GP 指数和 Fraser 指数构建的知识产权有效保护指标。GP 指数由 Ginarte 和 Park 构建（1997），从专利法覆盖范围（extent of coverage）、是否为国际专利协议成员国（membership in international patent agreements）、损失保障条例（provisions for loss of protection）、执行机制（enforcement mechanism）和专利保护期限（duration of protection）五个维度衡量一国知识产权保护的立法情况；Fraser 指数则利用加拿大弗雷泽研究所（Fraser Institute）发布的各国"Legal System"和"Property Rights"指数衡量一国的执法力度[②]。因此，多数学者利用 GP 指数和 Fraser 指数的加权形式构建知识产权有效保护指标。其中，有学者采用"知识产权有效保护指标 =GP 指数 ×Fraser 指数"的加权形式（杨珍增和刘晶，2018）；也有学者采用"知识产权有效保护指标 =GP 指数 + 1/2×Fraser 指数"（屠年松和曹宇芙，2019），或者"1/2（GP 指数 + 1/2×Fraser 指数）"的加权形式（Hu 和 Png，2013；余骁和郭志芳，2017；尹志锋等，2013）。本章采用"知识产权有效保护指标 =1/2（GP 指数 + 1/2×Fraser 指数）"的形式进行基准回归。该加权形式使知识产权有效保护指数取值范围落到（0，5）的区间，与 GP 指数的取值范围一致。此外，GP 指数每间隔 5 年更新一次，目前已更新到 2015 年[③]，为此借鉴尹志锋等（2013）的做法，采用线性插值法获得连续的 GP 指数。即假设所需的数据年份 n 位于 2000 年和 2005 年之间，则该年的 GP 指数可表示为：

$$GP_n = \frac{2005-n}{5}GP_{2000} + \frac{n-2000}{5}GP_{2005} \qquad (6-1)$$

以此类推，即可得到 2000~2014 年不同年份的 GP 指数。

另一种方法是利用世界经济论坛发布的《全球竞争力报告》中的知识产权保护指数。该数据通过跨国公司经理人对本国知识产权保护水平进行打分获得，分

---

① https：//v2.fangcloud.com/share/a26979974d538c7e5aeb24b55a?lang=en.

② https：//www.fraserinstitute.org/economic-freedom/map?geozone=world&page=map&year=2017.

③ http：//fs2.american.edu/wgp/www/?_ga=2.207235409.392160147.1571019587-1439508013.1571019587，2019-10-29.

值范围为 1~7 分，1 分表示最低知识产权保护水平，7 分表示最高知识产权保护水平。该指数反映了被调查者对本国知识产权保护状况的实际感受，因此也常用来衡量一国实际知识产权保护水平（Yang 和 Huang，2009；Weng 等，2009；余长林，2015；顾振华和沈瑶，2015）。本章利用此测度方法进行稳健性检验。

三、控制变量

在实证检验过程中，本章还加入可能影响文化产业全球价值链发展的其他控制变量，具体包括人均 GDP、贸易开放度、人力资本水平、人均物质资本、互联网使用等。其中，人均 GDP 数据来源于世界银行 WDI 数据库。贸易开放度分别利用贸易总额占 GDP 比重和服务贸易占 GDP 比重来衡量，贸易总额占 GDP 比重衡量了一国整体的贸易开放度，服务贸易占 GDP 比重更侧重考察服务行业的开放度和自由度。文化产业是服务业构成的重要部分，因此在实证过程中同时引入这两个变量衡量贸易开放度，相应数据来源于世界银行 WDI 数据库。人力资本水平在一定程度上影响文化创意人才的供给，进而影响文化产业创新发展和全球价值链升级；人力资本水平通常利用受教育年限和教育回报来衡量，数据来自 PWT9.1[①]。人均物质资本是文化产业生产发展的基本保障，可以利用一国物质资本存量除以人口数算得，相关数据也来自 PWT9.1。互联网使用能够降低交易成本，推进互联网文化产业发展，进而对文化产业全球价值链产生影响，因此利用使用互联网的人数占一国人口数的比重来衡量，数据来源于世界银行 WDI 数据库。表 6-1 报告了主要变量的具体说明和描述性统计结果。

表 6-1　主要变量的描述性统计

变量符号	变量含义	测度方法	观测值	均值	数据来源
GVC	文化产业全球价值链	C9 显示性比较优势指数	630	1.128	UIBE 全球价值链研究院
		C37 显示性比较优势指数		0.943	UIBE 全球价值链研究院
		C38 显示性比较优势指数		0.893	UIBE 全球价值链研究院
IPR	知识产权保护	1/2（GP 指数 +1/2×Fraser 指数）	570	3.799	加拿大弗雷泽研究所

---

① https：//www.rug.nl/ggdc/productivity/pwt/.

续表

变量符号	变量含义	测度方法	观测值	均值	数据来源
pgdp	人均 GDP	人均国内生产总值	630	2.731（万美元）	世界银行 WDI 数据库
trade	对外贸易开放度	贸易总额占 GDP 比重	630	93.066（%）	
service	服务贸易开放度	服务贸易占 GDP 比重	618	26.657（%）	
HC	人力资本水平	受教育年限和教育回报	630	3.079	PWT 9.1
Capital	人均物质资本	物质资本存量 / 人口数	630	11.747（万美元）	
Internet	互联网使用情况	使用互联网人数 / 人口数	627	51.695（%）	世界银行 WDI 数据库

第四节　知识产权保护影响文化产业全球价值链的实证研究

一、基准回归结果

本章首先利用基于生产分解模型改进后的显示性比较优势指数衡量文化产业全球价值链地位，进而实证检验知识产权保护对文化产业全球价值链的影响；另外，考虑到文化产业全球价值链参与分为前向关联和后向关联两种方式，因此进一步探讨知识产权保护对文化产业全球价值链的影响是通过前向关联还是后向关联的传导方式。

（一）知识产权保护对文化产业全球价值链地位的影响

1. 混合回归结果

表 6-2 报告了知识产权对印刷业和记录媒介复制业、出版业、电影和电视节目制作三类文化行业影响的混合回归结果。模型（1）和模型（2）是针对印刷业和记录媒介复制业的估计，其中模型（1）只加入知识产权保护这一关键变量，模型（2）同时考虑了人均 GDP、贸易开放度、人力资本水平、互联网使用等其他变量，并控制了年份固定效应和国家固定效应。结果表明，知识产权保护有助于提高印刷业和记录媒介复制业的显示性比较优势指数，估计系数分别为 0.454 和 0.905，且均在 1% 的统计水平上显著，表明知识产权保护每增加一个单

位，印刷业和记录媒介复制业在全球价值链中的国际竞争力提高 0.905 个单位。在其他控制变量中，服务贸易占 GDP 比重和互联网使用的估计系数均显著为正，对印刷业和记录媒介复制业的全球价值链提升存在显著的积极影响。服务贸易占 GDP 比重越高，表明一国服务业贸易开放程度越高，文化产业是服务业的重要组成部分，因此服务业贸易开放度越高越有利于印刷业和记录媒介复制业的发展。人均 GDP 和人力资本水平对印刷业和记录媒介复制业存在显著的负向影响，可能的原因是印刷业和记录媒介复制业属于文化制造业，而人均 GDP 和人力资本水平越高的国家通常更注重文化创意的发展，随着人均 GDP 和人力资本水平的提高，印刷业和记录媒介复制业反而不具有国际竞争优势。此外，贸易总额占 GDP 比重和人均物质资本对印刷业和记录媒介复制业不存在显著的影响。

表 6-2　文化产业全球价值链地位的混合回归结果

文化产业显性比较优势	印刷业和记录媒介复制业		出版业		电影、录像和电视节目的制作等	
	（1）	（2）	（3）	（4）	（5）	（6）
知识产权保护	0.454***（0.061）	0.905***（0.090）	0.884***（0.098）	0.547***（0.158）	0.396***（0.054）	0.418***（0.087）
人均 GDP		−0.262***（0.031）		0.059（0.054）		−0.213***（0.030）
贸易总额占 GDP 比重		−0.002（0.001）		−0.000（0.002）		−0.004***（0.001）
人力资本水平		−0.159*（0.094）		0.232（0.164）		0.448***（0.091）
人均物质资本		−0.004（0.009）		−0.002（0.016）		0.040***（0.009）
互联网使用		0.011***（0.002）		−0.001（0.004）		0.001（0.002）
国家固定效应	否	是	否	是	否	是
年份固定效应	否	是	否	是	否	是
观测值数目	570	550	570	550	570	550
R^2	0.088	0.340	0.124	0.155	0.085	0.209

注：括号内为标准误；*、*** 分别表示在 10%、1% 的统计水平上显著。

模型（3）和模型（4）是针对出版业的估计。可以看出，知识产权保护对出版业的显示性比较优势指数存在正向影响。但其他控制变量的影响均不显著，这一结果可能受混合回归分析方法的影响，因此重点讨论下文固定效应回归结果。

模型（5）和模型（6）是针对电影、录像和电视节目制作等的估计。知识产权保护的系数均显著为正，表明知识产权保护水平提高有助于增强电影、录像和电视节目制作的国际竞争优势。在其他控制变量中，服务贸易开放度、人力资本水平和人均物质资本的回归系数均为正值，对电影、录像和电视节目制作的全球价值链提升存在积极作用；但人均 GDP 和贸易总额占 GDP 比重的系数均显著为负，可能的原因类似于印刷业和记录媒介复制业，即都偏重于文化制造业，因此人均 GDP 和贸易开放度越高的国家，更注重文化创意产业的发展，因而不利于电影、录像和电视节目制作国际竞争力的提升。

2. 固定效应回归

考虑到本章使用的是 2000~2014 年 42 个国家的面板数据，简单的混合回归结果不能客观反映知识产权保护对不同文化行业的影响。因此，本章进一步进行面板数据模型估计。对于面板数据该使用固定效应模型还是随机效应模型，以印刷业和记录媒介复制业为例，本章利用 Hausman 检验发现"Prob>Chi2=0.0023"，即在 1% 的显著性水平内可以拒绝原假设，因此选择固定效应模型。

此外，已有研究表明知识产权保护对文化产业发展存在非线性影响关系（彭辉和姚颉靖，2012；郭壬癸和乔永忠，2019）。知识产权保护过低容易导致盗版、侵权行为发生，不利于文化产业的创新发展；而过高的知识产权保护可能带来企业垄断，抑制行业充分的竞争。因此，本章在回归中进一步考察了知识产权保护对文化产业全球价值链升级的非线性影响。

表 6-3 报告了文化产业全球价值链地位的固定效应回归结果，并考虑知识产权保护的非线性影响。模型（1）、模型（2）和模型（3）是针对印刷业和记录媒介复制业的估计结果。可以看出，不考虑非线性影响时，知识产权保护对印刷业和记录媒介复制业显示性比较优势存在显著的正向影响。但模型（3）的结果表明，知识产权保护对印刷业和记录媒介复制业全球价值链提升的积极作用存在显著的门槛效应。即当知识产权保护指数低于 3.344（$\frac{1.585}{0.237 \times 2}$）时，知识产权保护的增强有助于印刷业和记录媒介复制业的全球价值链提升；但知识产权保护指数一旦超过 3.344，知识产权保护程度提高反而对印刷业和记录媒介复制业的发展产生抑制作用。其他控制变量中，服务贸易占 GDP 比重和互联网使用的系数均显著为正，这一结果与表 6-2 的估计系数基本一致。

表 6-3　文化产业全球价值链地位的固定效应回归结果

文化产业显性比较优势	印刷业和记录媒介复制业			出版业			电影、录像和电视节目的制作等		
	（1）	（2）	（3）	（4）	（5）	（6）	（7）	（8）	（9）
知识产权保护	0.182** （0.082）	0.161** （0.080）	1.585** （0.737）	−0.020 （0.137）	−0.058 （0.114）	−0.292 （0.519）	0.100** （0.087）	0.170* （0.090）	3.312*** （0.565）
知识产权保护的平方项			−0.237** （0.105）			0.065 （0.074）			−0.453*** （0.081）
人均 GDP		−0.024 （0.017）	−0.026 （0.017）		0.055** （0.025）	0.051** （0.025）		−0.040** （0.019）	−0.032* （0.019）
贸易总额占 GDP 比重		−0.003*** （0.001）	−0.003*** （0.001）		0.002 （0.001）	0.002 （0.001）		−0.003*** （0.001）	−0.003*** （0.001）
服务贸易额占 GDP 比重		0.004** （0.001）	0.004*** （0.001）		0.003*** （0.001）	0.003** （0.001）		0.002** （0.001）	0.002** （0.001）
人力资本水平		−0.277 （0.219）	−0.234 （0.224）		−0.119 （0.312）	−0.276 （0.319）		−0.134 （0.245）	−0.434* （0.244）
人均物质资本		−0.007 （0.006）	−0.007 （0.006）		0.022** （0.009）	0.021** （0.009）		0.021*** （0.007）	0.018*** （0.007）
互联网使用		0.007** （0.001）	0.007*** （0.001）		−0.001 （0.002）	−0.001 （0.002）		0.001 （0.001）	0.001 （0.001）
国家固定效应	否	是	是	否	是	是	否	是	是
年份固定效应	否	是	是	否	是	是	否	是	是
观测值数目	570	550	555	570	550	555	570	550	555
Overall-R^2	0.087	0.053	0.053	0.124	0.002	0.007	0.085	0.048	0.093

注：括号内为标准误；*、**、*** 分别表示在 10%、5% 和 1% 的统计水平上显著。

模型（4）、模型（5）和模型（6）是对出版业的估计结果。结果表明，使用固定效应模型进行回归分析时，知识产权保护对出版业全球价值链提升的正向作用消失了，也不存在门槛效应。值得注意的是，在其他控制变量中，人均 GDP、服务贸易占 GDP 比重及人均物质资本水平对出版业的全球价值链提升均有显著的积极影响。可能的原因是，出版产品在消费过程中容易出现"专有性"特征，即特定消费群体对某一类型或某一国家出版产品形成独特偏好，一旦这种特定偏好形成，知识产权保护的增强对出版业的发展影响也很有限。因此，知识产权保护对出版业全球价值链发展的影响不显著。

模型（7）、模型（8）和模型（9）是对电影、录像和电视节目制作等的估计结果。可以看出，知识产权保护对电影、录像和电视节目制作存在显著的正向影响，且这一正向影响存在门槛效应。当知识产权保护指数小于 3.656（$\frac{3.312}{0.453 \times 2}$）时，知识产权保护的增强有助于电影、录像和电视节目制作的国际竞争力的提升；但知识产权保护指数超过 3.656 时，知识产权保护对电影、录像和电视节目制作的全球价值链提升存在显著负向作用。电影、录像和电视节目制作侧重于文化产品的生产和制作过程，这一环节不同于文化产品内容的创意过程，受消费者对特定创意内容专有偏好的影响较小，因此，知识产权保护对电影、录像和电视节目制作存在显著的非线性影响。知识产权保护对三类不同文化行业的影响存在异质性，恰好反映了不同类型文化行业的自身特性以及对文化创意和知识产权保护要求的差异。

（二）知识产权保护对后向关联全球价值链活动增加值的影响

根据生产分解模型，一国可以通过前向关联和后向关联两种形式参与全球价值链分工体系。那么知识产权保护对文化产业全球价值链的提升作用到底是通过影响前向关联还是后向关联的途径实现，对两种形式的影响有何差异？本章进一步探讨了知识产权保护对前向关联全球价值链地位和后向关联全球价值链地位的影响。

1. 后向关联 GVC 增加值

后向关联全球价值链（GVC）活动是一国/行业最终产品和服务生产中通过上游企业参与全球价值链活动而提高生产增加值的过程。根据生产分解模型，一国/行业最终产品的国内生产增加值 Y 主要有三大来源：① 来源于国内生产的最终产品的国内增加值 Y_D；② 来源于最终产品进口的增加值 Y_RT；③ 来源于进口中间品的国内和国外增加值 Y_GVC。其中 Y_GVC 属于后向关联全球价值链活动的增加值。后向关联全球价值链活动的增加值越高，表明文化产业处于全球价值链的位置越低。

表 6-4 报告了知识产权保护对后向关联全球价值链增加值的影响。可以看出，知识产权保护对印刷业和记录媒介复制业、电影录像和电视节目制作行业的后向关联全球价值链增加值的影响存在显著的非线性影响，知识产权保护的回归系数分别为 12.487 和 37.453，知识产权保护平方项的回归系数分别为 –1.683 和 –6.243，且均在 1% 的统计水平上显著。即在知识产权保护指数达到一定程度

之前，知识产权保护对印刷业和记录媒介复制业、电影录像和电视节目制作业后向关联全球价值链增加值存在显著的正向影响，但超过临界值则出现负向影响。模型（4）~模型（6）的估计结果表明，知识产权对出版业后向关联全球价值链增加值不存在明显的作用。这一结果与上文知识产权对不同类型文化行业显示性比较优势的影响基本一致。

2. 后向关联 GVC 国内增加值

后向关联全球价值链增加值又存在国内增加值和国外增加值两个来源。因此，进一步实证检验知识产权保护对后向 GVC 国内增加值和国外增加值的影响。表 6-5 报告了知识产权保护对不同类型文化行业后向关联全球价值链国内增加值的影响。

可以看出，知识产权保护对印刷业和记录媒介复制业、电影录像和电视节目制作仍存在显著的非线性影响，知识产权保护的估计系数分别为 18.970 和 57.522，知识产权保护平方项的估计系数分别为 –1.928 和 –9.391，且在 10% 的统计水平上均显著。此外，知识产权保护对出版业后向关联全球价值链国内增加值提高也存在显著的非线性影响。这一结果表明，虽然知识产权保护对出版业全球价值链的总体影响有限，但有助于出版业发展中的国内创新创作环节，因此对后向关联的全球价值链国内增加值存在显著正向影响。

3. 后向 GVC 国外增加值

表 6-6 进一步报告了知识产权保护对文化产业后向关联全球价值链国外增加值的影响。可以看出，知识产权保护只对印刷业和记录媒介复制业、电影录像和电视节目制作的后向关联全球价值链国外增加值存在显著的影响，且与前文结果一致，这一影响存在明显的门槛效应。对于出版业而言，由于特定消费者对出版内容容易形成专有性偏好，因此，知识产权保护对出版业后向关联全球价值链的国外增加值产生的影响有限，估计系数也不显著。

（三）知识产权保护对前向关联全球价值链活动增加值的影响

前向关联全球价值链活动是指一国／行业通过下游企业参与全球价值链活动而获得国内增加值的过程。根据生产分解模型，一国／部门层面的国内生产增加值 Va′ 主要有三大去向：① 包含在直接用于国内市场的最终产品的增加值 V_D；②包含在直接用于出口的最终产品的国内增加值 V_RT；③包含在中间产品出口的国内增加值 V_GVC。其中，V_GVC 属于前向关联全球价值链活动的增加值。前向关联全球价值链增加值越高，表明文化产业在整体价值链中处于越高的位置。

表 6-7 和表 6-8 分别报告了知识产权保护对文化产业前向关联全球价值链

表6-4 文化产业后向关联全球价值链增加值的固定效应回归结果

后向GVC活动增加值	印刷业和记录媒介复制业				出版业		电影、录像和电视节目的制作等		
	(1)	(2)	(3)	(4)	(5)	(6)	(7)	(8)	(9)
知识产权保护	1.281*** (0.346)	0.829** (0.346)	12.487*** (2.183)	0.748 (0.961)	0.325 (0.907)	-5.297 (5.871)	4.905** (1.114)	5.798*** (1.076)	37.453*** (6.698)
知识产权保护的平方项			-1.683*** (0.311)			0.812 (0.837)			-6.243*** (0.955)
人均GDP		0.187** (0.075)	0.218*** (0.073)		0.659** (0.196)	0.644*** (0.197)		0.411* (0.233)	0.526** (0.225)
贸易总额占GDP比重		0.005 (0.004)	0.005 (0.004)		-0.014 (0.011)	-0.014 (0.011)		0.008 (0.014)	0.009 (0.013)
服务贸易额占GDP比重		-0.010** (0.004)	-0.010** (0.004)		-0.012 (0.010)	-0.012 (0.010)		-0.033** (0.012)	-0.032*** (0.012)
人力资本水平		4.664*** (0.946)	3.550*** (0.943)		-1.668 (2.476)	-1.131 (2.537)		1.367 (2.938)	-2.763 (2.895)
人均物质资本		-0.083*** (0.026)	-0.093*** (0.026)		-0.019 (0.069)	-0.014 (0.069)		0.048 (0.082)	0.010 (0.079)
互联网使用		-0.001 (0.006)	0.002 (0.005)		0.035** (0.014)	0.033** (0.014)		0.050*** (0.017)	0.059*** (0.017)
国家固定效应	否	是	是	否	是	是	否	是	是
年份固定效应	否	是	是	否	是	是	否	是	是
观测值数目	570	555	555	570	555	555	570	555	555
Overall-R²	0.031	0.014	0.005	0.111	0.102	0.122	0.088	0.020	0.094

注：括号内为稳健标准误；*、**、*** 分别表示在10%、5%和1%的统计水平上显著。

表6-5　文化产业后向关联全球价值链国内增加值的固定效应回归结果

后向GVC活动中的国内增加值	印刷业和记录媒介复制业			出版业			电影、录像和电视节目的制作等		
	(1)	(2)	(3)	(4)	(5)	(6)	(7)	(8)	(9)
知识产权保护	6.842*** (1.343)	5.615*** (1.370)	18.970** (8.857)	2.238*** (0.762)	2.843*** (0.776)	26.340*** (4.858)	6.356*** (1.209)	7.539*** (1.219)	57.522*** (7.342)
知识产权保护的平方项			-1.928* (1.263)			-4.212*** (0.693)			-9.391*** (1.047)
人均GDP		0.816*** (0.296)	0.851*** (0.297)		0.615*** (0.168)	0.692*** (0.163)		0.865*** (0.264)	1.037*** (0.246)
贸易总额占GDP比重		-0.005 (0.017)	-0.004 (0.017)		-0.002 (0.010)	-0.001 (0.009)		0.018 (0.015)	0.020 (0.014)
服务贸易额占GDP比重		-0.019 (0.016)	-0.019 (0.016)		-0.010 (0.009)	-0.010 (0.009)		-0.032** (0.014)	-0.031** (0.013)
人力资本水平		19.082*** (3.741)	17.807*** (3.828)		0.983 (2.120)	-1.804 (2.099)		5.401 (3.329)	-0.812 (3.173)
人均物质资本		-0.384*** (0.104)	-0.396*** (0.104)		-0.141** (0.059)	-0.167*** (0.057)		-0.167* (0.093)	-0.224*** (0.087)
互联网使用		-0.019 (0.022)	-0.016 (0.022)		0.027** (0.012)	0.034*** (0.012)		0.025 (0.019)	0.040** (0.018)
国家固定效应	否	是	是	否	是	是	否	是	是
年份固定效应	否	是	是	否	是	是	否	是	是
观测值数目	570	555	555	570	555	555	570	555	555
Overall-R^2	0.035	0.045	0.041	0.047	0.002	0.061	0.051	0.042	0.075

注：括号内为标准误；*、**、*** 分别表示在10%、5% 和 1% 的统计水平上显著。

表6-6 文化产业后向关联全球价值链国外增加值的固定效应回归结果

后向GVC活动中的国外增加值	印刷业和记录媒介复制业				出版业		电影、录像和电视节目的制作等		
	(1)	(2)	(3)	(4)	(5)	(6)	(7)	(8)	(9)
知识产权保护	12.543***	8.050**	124.994***	0.576	0.131	-3.538	4.833***	5.713***	36.913***
	(3.407)	(3.403)	(21.423)	(0.939)	(0.880)	(5.704)	(1.088)	(1.048)	(6.518)
知识产权保护的平方项			-16.880***			0.529			-6.153***
			(3.055)			(0.813)			(0.929)
人均GDP		1.847**	2.157***		0.666***	0.657***		0.397*	0.510**
		(0.736)	(0.718)		(0.191)	(0.191)		(0.227)	(0.219)
贸易总额占GDP比重		0.048	0.052		-0.014	-0.014		0.008	0.009
		(0.043)	(0.042)		(0.011)	(0.011)		(0.013)	(0.013)
服务贸易额占GDP比重		-0.097**	-0.094**		-0.012	-0.012		-0.032***	-0.031***
		(0.039)	(0.038)		(0.010)	(0.010)		(0.012)	(0.012)
人力资本水平		46.680***	35.514***		-1.422	-1.072		1.324	-2.746
		(9.293)	(9.259)		(2.404)	(2.465)		(2.862)	(2.817)
人均物质资本		-0.828***	-0.930***		-0.026	-0.023		0.049	0.011
		(0.259)	(0.253)		(0.067)	(0.067)		(0.080)	(0.077)
互联网使用		-0.008	0.019		0.035**	0.034**		0.049***	0.059***
		(0.054)	(0.053)		(0.014)	(0.014)		(0.017)	(0.016)
国家固定效应	否	是	是	否	是	是	否	是	是
年份固定效应	否	是	是	否	是	是	否	是	是
观测值数目	570	555	555	570	555	555	570	555	555
Overall-R^2	0.029	0.012	0.004	0.114	0.107	0.121	0.089	0.021	0.094

注：括号内为标准误差；*、**、*** 分别表示在10%、5%和1%的统计水平上显著。

活动增加值的线性和非线性影响。结果表明，不管是线性回归结果还是非线性回归结果，知识产权保护对三种类型文化行业的前向关联全球价值链活动增加值和增加值出口都不存在显著的影响。对比上文知识产权保护对三种类型文化行业后向关联全球价值链活动增加值的影响，知识产权保护对文化产业全球价值链的提升作用主要通过提高后向关联全球价值链活动的增加值实现，而对前向关联全球价值链活动的增加值影响微弱。表明知识产权保护对文化产业发展的重要作用更多地体现在文化产品的生产、制作过程，而对文化内容创意的保护和促进作用较小。

表 6-7　文化产业前向关联全球价值链增加值的线性回归结果

前向 GVC	印刷业和记录媒介复制业		出版业		电影、录像和电视节目的制作等	
	GVC增加值	增加值出口	GVC增加值	增加值出口	GVC增加值	增加值出口
知识产权保护	−3.434 （3.081）	−4.336 （4.470）	−34.342 （30.814）	−10.386 （14.669）	−34.342 （30.814）	−1.708 （8.868）
人均 GDP	0.654 （0.667）	1.229 （0.967）	6.541 （6.668）	−0.911 （3.174）	6.541 （6.668）	0.496 （1.919）
贸易总额占GDP 比重	−0.021 （0.039）	−0.038 （0.056）	−0.207 （0.388）	−0.138 （0.185）	−0.207 （0.388）	−0.135 （0.112）
服务贸易额占GDP 比重	0.005 （0.036）	−0.004 （0.052）	0.046 （0.356）	0.179 （0.169）	0.046 （0.356）	0.115 （0.102）
人力资本水平	−1.696 （8.414）	−7.060 （12.207）	−16.960 （84.142）	78.787** （40.056）	−16.960 （84.142）	36.324 （24.215）
人均物质资本	−0.166 （0.235）	−0.358 （0.340）	−1.660 （2.346）	0.566 （1.117）	−1.660 （2.346）	0.157 （0.675）
互联网使用	−0.040 （0.049）	−0.038 （0.071）	−0.401 （0.490）	−0.005 （0.233）	−0.401 （0.490）	0.007 （0.141）
国家固定效应	是	是	是	是	是	是
年份固定效应	是	是	是	是	是	是
观测值数目	555	555	555	555	555	555
R^2	0.020	0.029	0.020	0.039	0.020	0.025

注：括号内为标准误；** 表示在 5% 的统计水平上显著。

表 6-8 文化产业前向关联全球价值链增加值的非线性回归结果

前向 GVC	印刷业和记录媒介复制业		出版业		电影、录像和电视节目的制作等	
	GVC 增加值	增加值出口	GVC 增加值	增加值出口	GVC 增加值	增加值出口
知识产权保护	−20.828（19.955）	−24.120（28.958）	−208.277（199.547）	−112.273（94.957）	−208.277（199.547）	−58.038（57.414）
知识产权保护的平方项	2.511（2.846）	2.856（4.130）	25.106（28.458）	14.707（13.542）	25.106（28.458）	8.131（8.188）
人均 GDP	0.608（0.669）	1.177（0.971）	6.080（6.690）	−1.181（3.184）	6.080（6.690）	0.346（1.925）
贸易总额占 GDP 比重	−0.021（0.039）	−0.038（0.056）	−0.212（0.388）	−0.141（0.185）	−0.212（0.388）	−0.137（0.112）
服务贸易额占 GDP 比重	0.004（0.036）	−0.004（0.052）	0.042（0.356）	0.177（0.169）	0.042（0.356）	0.114（0.102）
人力资本水平	−0.035（8.624）	−5.171（12.515）	−0.351（86.240）	88.516**（41.039）	−0.351（86.240）	41.703*（24.813）
人均物质资本	−0.151（0.235）	−0.341（0.341）	−1.508（2.353）	0.655（1.120）	−1.508（2.353）	0.206（0.677）
互联网使用	−0.044（0.049）	−0.043（0.071）	−0.440（0.492）	−0.028（0.234）	−0.440（0.492）	−0.006（0.142）
国家固定效应	是	是	是	是	是	是
年份固定效应	是	是	是	是	是	是
观测值数目	555	555	555	555	555	555
R^2	0.021	0.029	0.022	0.041	0.022	0.026

注：括号内为标准误；*、** 分别表示在 10%、5% 的统计水平上显著。

（四）稳健性检验

在基准回归中，本章利用"知识产权有效保护指标 =1/2（GP 指数 + 1/2×Fraser 指数）"的形式测算知识产权有效保护水平。因此，本部分通过替换知识产权保护测算指标进行稳健性检验。一种方法是利用"知识产权有效保护指标 =GP 指数 ×Fraser 指数"测算知识产权有效保护水平；另一种方法是利用世界经济论坛发布的《全球竞争力报告》中公布的知识产权保护指数衡量。需要说明的是，世界经济论坛在 2002~2003 年的《全球竞争力报告》中才开始对主要国家的知识产权保护状况进行统计，因此利用2002~2014年的面板数据进行稳健性检验。

表6-9和表6-10分别报告了不同方法的稳健性检验结果。可以看出，知识产权保护仍然对印刷和记录媒介复制业、电影录像和电视节目制作业存在显著的先促进后抑制的非线性影响。对出版业的显示性比较优势不存在显著作用。此外，服务贸易占GDP比重和互联网使用也有助于文化产业全球价值链的提升。表明本章基准回归结果具有稳健性。

表6-9　稳健性检验结果（1）

文化产业 RCA	印刷业和记录媒介复制业		出版业		电影、录像和电视节目的制作等	
	（1）	（2）	（3）	（4）	（5）	（6）
知识产权保护	1.278**	5.637*	−0.653	0.254	0.474	12.362***
	（0.557）	（2.878）	（0.796）	（2.027）	（0.627）	（2.213）
知识产权保护的平方项		−0.117**		0.019		−0.220***
		（0.051）		（0.036）		（0.039）
人均 GDP	−2.488	−2.533	−5.482**	−5.207**	−3.963**	−3.442*
	（1.733）	（1.737）	（2.474）	（2.467）	（1.950）	（1.897）
贸易总额占 GDP 比重	−0.283***	−0.281***	0.155	0.140	−0.319***	−0.349***
	（0.100）	（0.101）	（0.143）	（0.143）	（0.113）	（0.110）
服务贸易额占 GDP 比重	0.373***	0.371***	0.342***	0.351***	0.203**	0.220**
	（0.092）	（0.092）	（0.131）	（0.131）	（0.103）	（0.101）
人力资本水平	−24.800	−23.461	−13.118	−21.341	−10.935	−26.479
	（21.844）	（22.008）	（31.175）	（31.258）	（24.570）	（24.035）
人均物质资本	−0.704	−0.694	2.196**	2.133**	1.888***	1.768***
	（0.607）	（0.608）	（0.867）	（0.863）	（0.683）	（0.664）
互联网使用	0.709***	0.709***	−0.106	−0.106	0.060	0.059
	（0.127）	（0.127）	（0.182）	（0.181）	（0.143）	（0.139）
国家固定效应	是	是	是	是	是	是
年份固定效应	是	是	是	是	是	是
观测值数目	555	555	555	555	555	555
R^2						

注：括号内为标准误；*、**、*** 分别表示在10%、5% 和1% 的统计水平上显著。

表 6-10 稳健性检验结果（2）

文化产业 RCA	印刷业和记录媒介复制业		出版业		电影、录像和电视节目的制作等	
	（1）	（2）	（3）	（4）[1]	（5）	（6）
知识产权保护	5.315** （2.297）	11.828* （8.593）	−7.072 （3.938）	−6.895 （14.795）	10.022*** （2.787）	4.929*** （10.449）
知识产权保护的平方项		−2.127** （1.028）		−0.022 （1.769）		−1.855** （1.250）
人均 GDP	0.092 （1.819）	−0.027 （1.814）	−7.941** （3.119）	−7.940** （3.123）	1.317 （2.207）	1.421 （2.206）
贸易总额占GDP 比重	0.366*** （0.096）	0.339*** （0.096）	0.273* （0.164）	0.273 （0.166）	−0.153 （0.116）	−0.130 （0.117）
服务贸易额占GDP 比重	0.970*** （0.115）	0.924*** （0.117）	0.629*** （0.197）	0.628*** （0.201）	0.212 （0.139）	0.172 （0.142）
人力资本水平	−5.098 （21.482）	−5.523 （21.410）	−84.501** （36.823）	−84.497** （36.862）	−29.381 （26.064）	−29.011 （26.033）
人均物质资本	−0.244 （0.570）	−0.157 （0.570）	2.689*** （0.978）	2.688*** （0.981）	1.206* （0.692）	1.130 （0.693）
互联网使用	0.551*** （0.139）	0.576*** （0.139）	−0.122 （0.239）	−0.123 （0.240）	0.135 （0.169）	0.113 （0.169）
国家固定效应	是	是	是	是	是	是
年份固定效应	是	是	是	是	是	是
观测值数目	533	533	533	533	533	533
Overall R^2	0.012	0.008	0.009	0.009	0.059	0.063

注：括号内为标准误；*、**、*** 分别表示在 10%、5% 和 1% 的统计水平上显著。

二、分样本回归

已有研究发现，知识产权保护对某一产业全球价值链的影响在不同收入国家中存在明显的异质性（代中强等，2015；余骁和郭志芳，2017；屠年松和曹宇芙，2019）。因此，本章按照世界银行（2016）的划分标准[1]，将样本国家划分为高收

---

① 根据世界银行（2016）的划分，人均国民收入在 1025 美元及其以下的国家为低收入国家（low income），在 1026~12475 美元的国家为中等收入国家（middle income），在 12476 美元及其以上的国家为高收入国家（high income）。

入国家和中低收入国家。表 6-11 报告了知识产权保护对不同收入国家文化产业全球价值链影响的回归结果。

表 6-11　不同收入国家文化产业全球价值链地位的回归结果

文化产业显性比较优势	印刷业和记录媒介复制业		出版业		电影、录像和电视节目的制作等	
	中低收入	高收入	中低收入	高收入	中低收入	高收入
知识产权保护	1.693* （0.921）	0.972 （1.168）	0.607 （0.471）	6.179** （2.517）	4.435*** （0.592）	5.354*** （1.823）
知识产权保护的平方	−0.309** （0.150）	−0.105 （0.145）	−0.089 （0.077）	−0.779** （0.312）	−0.678*** （0.096）	−0.712*** （0.226）
人均 GDP	0.199 （0.165）	−0.001 （0.014）	−0.140* （0.084）	−0.065** （0.030）	0.207* （0.106）	−0.022 （0.022）
贸易总额占 GDP 比重	−0.002 （0.002）	0.001 （0.001）	−0.001 （0.001）	0.004 （0.003）	−0.002* （0.001）	−0.005** （0.002）
服务贸易额占 GDP 比重	0.014* （0.008）	−0.006*** （0.001）	0.001 （0.004）	0.003 （0.003）	0.014*** （0.005）	0.003* （0.002）
人力资本水平	−0.717** （0.338）	−0.192 （0.317）	0.190 （0.173）	0.114 （0.683）	0.353 （0.217）	1.575*** （0.495）
人均物质资本	0.008 （0.023）	0.002 （0.006）	0.035*** （0.012）	0.009 （0.013）	−0.017 （0.015）	0.036*** （0.009）
互联网使用	0.008** （0.003）	0.003** （0.001）	−0.003 （0.002）	0.002 （0.003）	−0.004* （0.002）	0.001 （0.002）
国家固定效应	是	是	是	是	是	是
年份固定效应	是	是	是	是	是	是
观测值数目	174	381	174	381	174	381
Overall R^2	0.234	0.139	0.162	0.090	0.490	0.101

注：括号内为标准误；*、**、*** 分别表示在 10%、5% 和 1% 的统计水平上显著。

可以看出，知识产权保护对文化产业全球价值链的影响在不同收入国家中存在明显异质性，且这一异质性在不同类型文化行业中的表现也不同。对于印刷业和记录媒介复制业，知识产权保护对该文化行业全球价值链地位的影响在中低收入国家存在显著的非线性关系，知识产权保护的估计系数为 1.693，知识产权保护平方项的估计系数为 –0.309，且总体在 10% 的统计水平上显著；但这一影响在高收入国家中不存在。可能的原因是印刷业和记录媒介复制业属于文化制造业，侧重于文化产品的生产、制作，中低收入国家发展文化产业的重心通常是文化制造业，而高收入国家发展文化产业的重心主要是文化服务业和文化创意产业，因此，知识产权保护对印刷业和记录媒介复制业的影响在高收入国家表现得不明显。

知识产权保护对出版业的影响在不同收入国家中的表现恰好相反。知识产权保护对中低收入国家的出版业全球价值链提升并不存在显著影响；但对高收入国家的出版业全球价值链产生显著的非线性影响，知识产权保护的估计系数为6.179，知识产权保护平方项的估计系数为 –0.779，且在 5% 的统计水平上显著。出版业是文化产业的重要组成，相比印刷业和记录媒介复制业更强调文化内容创意创新，高收入国家往往比中低收入国家重视出版内容创新，重视出版版权的保护。

知识产权保护对电影、录像和电视节目制作等行业全球价值链的影响在中低收入和高收入国家都表现出显著的非线性关联，且对高收入国家的影响更大。电影、录像和电视节目制作涵盖了文化内容创意、文化产品生产和制作，对知识产权保护的需要介于印刷业和记录媒介复制业、出版业之间，因此无论是对中等收入国家还是高收入国家，该影响均明显存在。

第五节　中国的情况

本部分进一步探讨知识产权保护对中国文化产业全球价值链提升的影响。由于世界投入产出表只统计了中国印刷业和记录媒介复制业的投入产出数据，因此，本章以印刷业和记录媒介复制业为例，实证检验知识产权保护对中国文化产业的影响。

表 6–12 报告了相应回归结果。可以看出，在实证回归中利用 GP 指数和Fraser 指数构造的知识产权有效保护对中国印刷业和记录媒介复制业的全球价值链提升存在非线性影响关系。中国作为典型的中等收入国家，这一结果与上文知识产权保护对中低收入印刷业和记录媒介复制业的影响结果一致。具体来看，根据"知识产权有效保护 =1/2（GP 指数 +1/2 × Fraser 指数）"的结果，知识产权保护对印刷业和记录媒介复制业全球价值链提升非线性影响的拐点在 3.307（$\frac{18.170}{2.747 \times 2}$），

即当知识产权有效保护指数低于 3.307 时，知识产权保护的加强有助于提升印刷业和记录媒介复制业的全球价值链发展；但当知识产权有效保护指数超过 3.307 时，知识产权保护的加强反而对印刷业和记录媒介复制业产生负向作用。2000~2014 年，中国知识产权保护有效指数均值为 3.418，且于 2004 年达到 3.3[①]，这也就意味着知识产权保护对中国印刷业和记录媒介复制业影响的拐点早出现在 2004 年左右。此外，从"知识产权保护有效指数 =GP 指数 × Fraser 指数"的回归结果来看，知识产权保护对中国印刷业和记录媒介复制业非线性影响的拐点值为 22.323。2000~2014 年，这一构造方法计算出的中国知识产权保护有效指数均值为 22.937，且于 2005 年达到 22.167[②]，即知识产权保护对中国印刷业和记录媒介复制业估值与影响的拐点出现在 2005 年左右。本章结果与郭壬癸和乔永忠（2019）研究发现的版权保护对中国文化产业增加值影响的拐点出现在 2003~2004 年基本一致。

表 6-12　对中国文化产业全球价值链地位影响的回归结果

中国印刷业和记录媒介复制业	1/2（GP 指数 +1/2 × Fraser 指数）	GP 指数 × Fraser 指数	全球竞争力报告 IPR 指数
知识产权保护	18.170** （7.135）	0.759* （0.311）	2.127 （2.680）
知识产权保护的平方项	−2.747** （1.026）	−0.017** （0.006）	−0.372 （0.382）
人均 GDP	3.116 （2.394）	3.257 （2.303）	5.790** （1.904）
贸易总额占 GDP 比重	−0.019** （0.006）	−0.020* （0.006）	−0.026*** （0.004）
服务贸易额占 GDP 比重	0.007 （0.037）	0.008 （0.037）	−0.043 （0.031）
人力资本水平	−0.106 （5.485）	−0.122 （5.136）	−9.570 （4.573）

[①]　2000~2014 年，利用"知识产权有效保护 =1/2（GP 指数 +1/2 × Fraser 指数）"构造出的中国知识产权有效保护指数分别为 2.965、3.087、3.189、3.293、3.300、3.379、3.454、3.581、3.629、3.601、3.574、3.557、3.580、3.526、3.552。

[②]　2000~2014 年，利用"知识产权有效保护 =GP 指数 × Fraser 指数"构造出的中国知识产权有效保护指数分别为 17.560、19.002、20.217、21.489、21.309、22.167、23.302、25.292、26.015、25.526、25.030、24.609、24.836、23.729、23.968。

续表

中国印刷业和记录 媒介复制业	1/2（GP 指数 + 1/2 × Fraser 指数）	GP 指数 ×Fraser 指数	全球竞争力报告 IPR 指数
人均物质资本	−0.301 （0.302）	−0.340 （0.294）	0.095 （0.269）
互联网使用	−0.018 （0.027）	−0.019 （0.026）	−0.048* （0.022）
国家固定效应	是	是	是
年份固定效应	是	是	是
观测值数目	15	15	13
调整后的 R^2	0.892	0.889	0.922

注：括号内为标准误；*、**、*** 分别表示在 10%、5% 和 1% 的统计水平上显著。

本章小结

本章利用基于生产分解模型改进后的显示性比较优势指数衡量文化产业全球价值链地位，进而实证检验知识产权保护对印刷业和记录媒介复制业、出版业、电影录像和电视节目制作业三种类型文化行业全球价值链提升的影响。此外，文化产业全球价值链包括前向关联全球价值链和后向关联全球价值链，因此，本章进一步探讨了知识产权保护对文化产业全球价值链的提升作用到底是通过前向关联还是后向关联产生的。本章研究发现以下四个问题：

第一，知识产权保护对印刷业和记录媒介复制业、电影录像和电视节目制作业的全球价值链存在显著的非线性影响。当知识产权保护指数低于特定临界值时，知识产权保护的加强有助于提升这两类文化行业的全球价值链；而当知识产权保护指数超过该临界值时，知识产权保护对这两类文化行业全球价值链的提升产生负向影响。此外，知识产权保护对出版业全球价值链提升的作用不明显。使用另一种知识产权有效保护指数测度方法和世界经济论坛发布的知识产权保护指数进行稳健性检验发现，知识产权保护对不同类型文化行业产生的不同影响仍然存在，基准回归结果具有稳健性。

第二，对于知识产权保护影响文化产业全球价值链提升的作用途径，回归结果表明，知识产权保护主要通过影响后向关联全球价值链增加值而对文化产业全球价值链提升产生正向影响。对于印刷业和记录媒介复制业、电影录像和电视节目制作业，知识产权保护的加强明显增加了后向关联全球价值链活动的国内增加值和国外增加值，进而对全球价值链整体价值产生显著的积极影响；对于出版业，知识产权保护的加强虽然增加了后向关联全球价值链活动的国内增加值，但对后向关联全球价值链活动的国外增加值及前向关联全球价值链活动的增加值均无明显作用，因此，知识产权保护对出版业全球价值链提升产生的正向影响有限。

第三，从分样本回归结果来看，知识产权保护对文化产业全球价值链的影响在不同收入国家中存在明显异质性，且这一异质性在不同类型文化行业中的表现也不同。印刷业和记录媒介复制业属于文化制造业，侧重文化产品的生产和制作，对文化内容创意的要求较低，因此，知识产权保护对中低收入国家的印刷业和记录媒介复制业产生显著的非线性影响，但对高收入国家的印刷业和记录媒介复制业的影响非常有限。出版业属于典型的文化服务业，更注重出版内容的创造和设计，对文化创意的要求更高，因此，知识产权保护对中低收入国家的出版业不存在明显影响，但对高收入国家的出版业全球价值链提升产生显著的非线性影响。电影、录像和电视节目制作既包括文化内容创意又包括节目生产、制作过程，因此，知识产权保护对中低收入和高收入国家都存在显著影响。

第四，从中国的情况来看，知识产权保护对中国印刷业和记录媒介复制业存在明显的非线性影响；此外，根据"知识产权有效保护 =1/2（GP 指数 + 1/2 × Fraser 指数）"的结果，知识产权保护对印刷业和记录媒介复制业全球价值链提升非线性影响的拐点在 3.307，即当知识产权有效保护指数低于 3.307 时，知识产权保护的加强有助于提升印刷业和记录媒介复制业的全球价值链发展；但当知识产权有效保护指数超过 3.307 时，知识产权保护的加强反而对印刷业和记录媒介复制业产生负向影响。对于中国而言，非线性影响的拐点出现在 2004~2005 年，这一结果与已有相关研究结论基本一致（郭壬癸和乔永忠，2019）。

本章研究具有重要的政策启示。一方面，知识产权保护对文化产业全球价值链提升存在先正后负的非线性影响关系，且对不同收入国家文化产业的影响存在明显异质性。对于中国而言，知识产权保护对印刷业和记录媒介复制业产生显著正向影响的拐点出现在 2004~2005 年，因此，当前我国文化产业正处于提升国际竞争力的关键时期，应当制定与我国经济发展水平相适应的知识产权保护制度。此外，知识产权保护对不同类型文化行业全球价值链提升的影响作用也存在明显差异性。印刷业和记录媒介复制业、出版业、电影录像和电视节目制作三种不同类型的文化行业对文化内容创意的要求不同，对知识产权保护的需求程度不同，因此，针对不同类型的文化行业，应制定符合不同类型文化行业特性的专利保护和版权保护制度。另一方面，知识产权保护对文化产业全球价值链提升的影响主要通过后向关联全球价值链活动产生促进作用，即文化产业下游产业链活动的增加值提高；但对前向关联全球价值链活动的增加值影响较小。因此，知识产权保护对文化产业全球价值链的提升作用主要集中于文化产业下游企业文化生产制作的保护上，应注重和加强知识产权保护对文化创造过程和文化创意内容的保护。

第七章

中国文化服务业企业全要素生产率变动及其影响因素研究

文化企业是对外文化贸易产生和发展的微观主体，文化企业高质量发展是中国对外文化贸易高质量发展的基础。本章从文化生产视角，利用DEA-Malmquist指数法定量测算中国文化服务业企业全要素生产率，重点考察文化服务业企业全要素生产率变化、增长动因、省际异质性及其与文化制造业的差异，并实证检验影响文化企业全要素生产率变动的主要因素，进而从文化生产角度提出中国对外文化贸易高质量发展的对策建议。

作为战略性新兴产业，文化产业不仅是提升国家软实力的重要手段；在当前中国经济已进入新常态、传统经济增长动能变弱的背景下，更是实现稳增长、促改革、调结构、惠民生各项目标的关键着力点。随着信息技术、互联网技术的不断发展，文化产业中服务性质的文化产业项目越来越多。以出版行业为例，随着数字化水平的提高，图书出版、印刷、音像产品等已逐渐从有形的纸质书刊转变为无形的电子产品服务。

文化服务业已成为新时期文化产业发展的重要组成部分，以及中国经济发展新的增长点，也是新时期文化产业发展的必然趋势和新要求。根据国家统计局数据，2020年文化服务业增加值为28874亿元，占文化及相关产业增加值的比重为64.2%，比上一年提高0.9%，而2020年文化制造业增加值占比仅26.10%。但是，文化服务贸易一直是中国对外文化贸易的短板，长期处于贸易逆差地位。在此背景下，国家高度重视文化服务业的创新发展。

2017 年，国家发展改革委印发的《服务业创新发展大纲（2017-2025 年）》（以下简称《大纲》）首次重点强调要将文化服务业作为现代服务业的重要组成部分，并多次提及文化产业相关内容，特别指出"在未来服务业的发展过程中，应重视文化内涵的融入与发扬，释放文化与服务业的市场活力，增加文化服务的有效供给，加快构建结构合理、竞争力强的现代文化产业体系"。文化部《"十三五"时期文化产业发展规划》（以下简称《规划》）也明确指出，融合发展是趋势，要将文化产业与相关行业融合发展，为国民经济转型升级注入活力。《大纲》和《规划》的出台表明，文化服务业的创新发展是中国文化产业转型升级和对外文化贸易高质量发展的关键。

那么，中国文化服务业的发展效率现状如何？存在哪些变化趋势？不同地区发展差异程度有多大？哪些主要因素影响文化服务业全要素生产率？文化服务业与文化制造业发展有何差异？这些问题的解答，有助于分析中国文化服务业的发展规律，探究何种因素影响文化服务业的增长、何种因素造成地区发展差异，进而对提升文化服务业效率以及文化服务贸易国际竞争力至关重要。

第一节　文化企业生产效率的相关文献综述

目前，有关文化产业或文化企业效率已有一定的研究，多数学者使用非参数数据包络分析法（Data Envelopment Analysis，DEA）和基于参数的随机前沿生产函数法（Stochastic Frontier Approach，SFA）两类方法测算中国省级文化产业的全要素生产率。其中，早期研究主要基于省级截面数据，侧重分析文化产业效率水平及地区差异。如王家庭和张容（2009）基于《中国文化产业发展报告》相关数据，运用三阶段 DEA 模型测算了 2004 年中国 31 个省区市文化产业的投入产出效率，发现中国各省市文化产业效率表现不容乐观，且受规模效率的低效及环境因素影响较大，并呈现出显著的东中西部区域差异。蒋萍和王勇（2011）则基于第二次经济普查数据，采用三阶段 DEA 模型和超效率 DEA 模型分析了 2008 年中国各省市文化产业效率，并得出相似结论。

随着文化产业的发展和相关统计数据的丰富，越来越多的学者主要基于来自《中国文化文物统计年鉴》的省际面板数据展开研究，并侧重分析文化产业效率的变化趋势及地区差异。如袁海和吴振荣（2012）用基于可变规模报酬的DEA 模型和超效率 DEA 模型测算了 2004~2008 年中国各省市文化产业的效率，发现中国文化产业效率主要依赖纯技术效率的提高稳步增长，且纯技术效率存在显著的地区差异，而规模效率的区域异质性不明显。其他学者大多使用 DEA-

Malmquist 指数法考察不同时间跨度的中国各省市文化产业的全要素生产率及其分解（何里文等，2012；郭淑芬，2015；钟廷勇等，2015；吴慧香，2015；曾燕萍，2019）。

少数学者则利用随机前沿生产函数模型（SFA）测算中国文化产业效率，如马跃如等（2012）基于 2003~2008 年、李兴江和孙亮（2013）基于 2006~2010 年中国 31 个省区市的相关数据测算了文化产业的效率。无论利用 DEA 还是 SFA 方法，已有研究发现，中国文化产业全要素生产率在样本期间显著提高，且增长主要因素由技术进步转变为技术效率的拉动，但尚未形成规模经济的特点；中国文化产业发展效率地区差异显著，呈现明显的东高西低的梯度分布格局，但中西部地区文化产业效率增幅高于东部地区，与东部地区的总量差距缩小。

对于文化产业效率影响因素，仅马跃如等（2012）、郭淑芬等（2015）在测算文化产业效率的基础上进行了实证检验，并发现经济发展水平越高、文化市场需求和文化产业投资越多、文化产业政策及专用基础设施越齐全对文化产业全要素生产率存在显著正向影响。

已有研究为分析文化服务业全要素生产率变化规律等相关问题提供了重要参考，但也存在一些不足。主要体现在以下三个方面：一是多数研究基于《中国文化文物统计年鉴》的相关数据，该年鉴由文化部负责统计，主要涉及各地区文化公共部门、图书馆业、文物业、群众文化业的投入产出数据，因此，所得结果更侧重文化事业而非真正意义上的文化产业的效率；二是上述年鉴由文化部负责统计，主要统计的是各地区文化公共部门，如图书馆业、文物业、群众文化业、博物馆业的投入产出数据，因此，所得结果更侧重文化事业而非真正意义上的文化产业的效率，没有涉及文化服务业企业的发展效率，更没有考察文化服务业和文化制造业发展差异；三是实证检验文化产业效率影响因素仅使用截面数据，且采用单一指标衡量文化市场需求、经济发展水平等变量。

因此，本章利用国家统计局和中宣部负责编辑的《中国文化及相关产业统计年鉴》的相关数据，重点考察中国文化服务业企业全要素生产率变动、省际异质性、文化服务业与文化制造业企业发展效率的异质性，以及文化服务业全要素生产率的主要影响因素。该年鉴根据《文化及相关产业分类（2012）》将文化产业细分为文化制造业、文化服务业和文化批发零售业，为本章深入探讨文化服务业的发展效率提供了有力数据支持。

第二节　文化企业生产率测度方法与数据说明

一、文化企业生产率测度方法

有关服务业生产率的测算和研究，国内学者多数运用 Malmquist 指数法测算全要素生产率变动及其技术效率与技术进步分解（王恕立和胡宗彪，2012；王恕立等，2015；陈明和魏作磊，2018）。本章采用 DEA–Malmquist 指数法考察文化服务业企业的全要素生产率变动情况。与随机前沿等其他方法相比，该方法在生产函数设定、数据质量要求、结果分解等方面具有明显优势（王恕立和胡宗彪，2012）。

假设在每一时间维度 t（$t=1, 2, \cdots, T$），第 k（$k=1, 2, \cdots, K$）个行业使用 n（$n=1, 2\cdots, N$）种投入要素 $x_{k,n}^t$，得到 m（$m=1, 2, \cdots, M$）种产出 $y_{k,m}^t$，用 X^t 和 Y^t 表示 t 期所有行业的投入向量和产出向量。根据序列 DEA，在规模报酬不变的条件下，t 期的参考技术可表示为：

$$\overrightarrow{P}^t(x) = \left\{ y : y \leqslant \lambda \overline{Y}^t, x \geqslant \lambda \overline{X}^t, \lambda \geqslant 0 \right\} \tag{7-1}$$

其中，$\overline{X}^t = (X^{t_0}, \cdots, X^{t-1}, X^t)$，$\overline{Y}^t = (Y^{t_0}, \cdots, Y^{t-1}, Y^t)$，$\lambda$ 表示每个横截面观察值的权重。式（7-1）的参考技术表明，必须使用 t_0 期以及 t_0 期以前所有时期的生产技术才能求得 t 期的参考技术。但 t_0 之前的投入产出信息往往无法获取，因此参考技术可进一步表示为：

$$\begin{aligned} &\overrightarrow{P}^t(x \mid \overline{X}^{t_0} = X^{t_0}, \overline{Y}^{t_0} = Y^{t_0}) \\ &= \left\{ y : y \leqslant \lambda (Y^{t_0}, Y^{t_0+1}, \cdots, Y^t), x \geqslant \lambda (X^{t_0}, X^{t_0+1}, \cdots, X^t), \lambda \geqslant 0 \right\} \end{aligned} \tag{7-2}$$

则每个行业在 t 期基于产出的距离函数为：

$$d^t(x^t, y^t) = \inf \left\{ \theta : (x^t, y^t / \theta) \in \overrightarrow{P}^t \right\} \tag{7-3}$$

其中，产出的距离函数表示技术面与技术前沿面之间的距离，用于衡量两个技术投入之间的拟合程度。只有当 $d^t(x^t, y^t) = 1$ 时，(x^t, y^t) 才在生产边界上，表明生产在技术上是有效率的；如果 $d^t(x^t, y^t) > 1$，(x^t, y^t) 在生产边界内部，那么生产在技术上是无效率的。

相应地，在 $t+1$ 期基于产出的距离函数可表示为：$d^{t+1}(x^{t+1}, y^{t+1})$。因此，基于产生的全要素生产率用 Malmquist 指数表示为：

$$M_0^t = d^{t+1}(x^{t+1}, y^{t+1}) / d^t(x^t, y^t) \qquad （7-4）$$

根据两时期的 Malmquist 指数的几何平均值可算得全要素生产率的变化，并将其分解为技术进步变动和技术效率变动（Fare 等，1994）。即：

$$TFP = TECHCH \times EFFCH = TECHCH \times PECH \times SECH \qquad （7-5）$$

其中，TFP 表示全要素生产率变动，$TECHCH$、$EFFCH$、$PECH$、$SECH$ 分别表示技术进步、技术效率、纯技术效率、规模效率变动[①] 带来的全要素生产率增长效应。

二、变量选取与数据说明

本章数据主要源于《中国文化及相关产业统计年鉴》。该年鉴统计了规模以上文化制造业企业、文化批发和零售业企业[②] 和文化服务业企业的主要财务指标数据，为本章深入探讨文化服务业发展效率相关问题提供了有力数据支持。表7-1 报告了 2012~2017 年中国文化及相关产业法人单位增加值及其构成，可以看到，2013 年以来规模以上文化服务业企业的增加值所占比重持续增长，2017 年已高达 55.60%。因此，本章重点考察规模以上文化服务业企业的全要素生产率变动及其分解，对比分析文化服务业企业发展效率的省际异质性、文化服务业与文化制造业企业全要素生产率变动的差异，以及文化服务业全要素生产率的主要影响因素，进而为文化产业升级提出对策建议，具有重要的代表性。

表 7-1　2012~2017 年中国文化及相关产业增加值及构成

单位：亿元

年 份	文化产业增加值				增加值所占比重（%）		
	总额	文化制造业	文化批发和零售业	文化服务业	文化制造业	文化批发和零售业	文化服务业
2012	18071	7253	1187	9631	40.10	6.60	53.30

① 纯技术效率变动是指在规模报酬变动的情况下累积效率变动,技术效率变动是指在规模报酬不变情况下的效率变动。

② 规模以上文化制造业企业指年主营业务收入在 2000 万元及以上的工业企业法人;规模以上文化批发和零售业企业指年主营业务收入在 2000 万元及以上的批发业企业法人和年主营业务收入在 500 万元及以上的零售业企业法人。

续表

年 份	文化产业增加值				增加值所占比重（%）		
	总额	文化制造业	文化批发和零售业	文化服务业	文化制造业	文化批发和零售业	文化服务业
2013	21870	9418	2146	10307	43.06	9.81	47.13
2014	24538	10201	2386	11952	41.57	9.72	48.71
2015	27235	11053	2542	13640	40.58	9.33	50.08
2016	30785	11889	2872	16024	38.60	9.30	52.10
2017	34722	12094	3328	19300	34.80	9.60	55.60

资料来源：根据历年《中国文化及相关产业统计年鉴》所得。

　　根据多数已有研究中指标的选取以及数据的可得性，本章选取的投入指标为各地区文化服务业企业的资产总计（万元）、年末从业人员（人）、应付职工薪酬（万元）；产出指标为营业收入（万元）、营业利润（万元）；样本期间设为2012~2017 年。表 7-2 报告了 2012~2017 年中国文化服务业企业主要的投入和产出数据，可以看出，在样本期间，中国文化服务业企业快速发展，企业数量明显增多，各项投入和产出均逐年提高。需要指出的是，本章使用的"资产总计"投入指标，在统计时已考虑"年初存货、流动资产合计、固定资产原价、本年折旧"各项细分数据，因此无须再次核算文化服务业企业的资本存量。

表 7-2　2012~2017 年中国文化服务业企业主要投入和产出指标

单位：人，万元

年份	资产总计	年末从业人员	应付职工薪酬	营业收入	营业利润
2012	209658530	1880366	18441598	117758495	14411681
2013	255366267	2053781	21072744	134817457	18260977
2014	324117437	2399664	25905054	168293729	21812087
2015	423926649	2641960	31845017	205530959	25905277
2016	542972809	2947035	37936122	252796176	32488268
2017	726936256	3384012	46040982	318910016	44476719

资料来源：根据历年《中国文化及相关产业统计年鉴》所得。

第三节　中国文化企业全要素生产率变动及其异质性

　　考虑到文化产业产出具有规模报酬递增的性质，本章利用基于规模报酬变动

（*VRS*），且以投入为导向的 DEA–Malmquist 模型对 2012~2017 年中国 31 个省份的文化服务业企业全要素生产率变动进行了估计和分解，进而考察中国文化服务业企业全要素生产率变动、省际异质性及与文化制造业企业的异质性，实证检验文化服务业企业全要素生产率的影响因素。

一、中国文化服务业企业全要素生产率变动及其分解

随着国家对文化产业与现代服务业的重视，文化服务业逐渐迎来发展机遇。表 7-3 报告了 2012~2017 年中国文化服务业企业全要素生产率指数及其分解的具体数据。可以看出，2012~2017 年中国文化服务业企业全要素生产率变动指数均值为 0.981，总体增长率为 –1.9%。就各年份而言，仅 2016 年文化服务业企业全要素生产率增长 6.5%，其他年份的全要素生产率均为明显负增长，尤其是 2014 年、2015 年负增长率分别高达 4.9% 和 4.6%。这一结果产生的可能原因是：长期以来，各省市注重文化制造业企业的发展，中国文化服务业企业仍处于起步阶段，竞争能力不强，发展动力仍然较弱，尚未发挥出文化产业作为国民经济新的增长点的重要作用。

表 7-3　2012~2017 年中国文化服务业企业全要素生产率变动及其分解

年份		2012~2013	2013~2014	2014~2015	2015~2016	2016~2017	平均值
文化服务业	全要素生产率	0.973	0.951	0.954	1.065	0.968	0.981
	技术变化	1.039	1.006	1.031	1.452	0.884	1.067
	技术效率	0.936	0.945	0.925	0.733	1.095	0.920
	纯技术效率	0.931	0.996	0.925	0.881	0.989	0.943
	规模效率	1.006	0.949	1.001	0.832	1.107	0.975

从全要素生产率变动的分解来看，中国文化服务业企业全要素生产率增长主要依赖技术进步的拉动作用。中国文化服务业企业技术进步的平均增长率为 6.7%，且多数年份的增长指数超过 1；而技术效率的平均增长率为 –8.0%，表明文化服务业企业发展主要依赖技术进步拉动，技术进步的贡献远远超过技术效率的贡献，技术效率提高对中国文化服务业企业全要素生产率变动的贡献非常有限。值得注意的是，2017 年中国文化服务业企业技术效率增长 9.5%，而技术进步增长 –11.6%，技术效率的贡献首次且明显超过技术进步的贡献。2017 年，为

加速文化产业转型升级，相继出台的《文化部"十三五"时期文化发展改革规划》《"十三五"国家知识产权保护和运用规划》《电影产业促进法》《关于推动数字文化产业创新发展的指导意见》等多个政策文件和指导意见从宏观战略、文化法制建设、文化体制改革、前沿领域引导等各方面提升文化服务业发展效率。与此同时，随着网络信息技术日益渗入文化产业领域，"互联网＋文化"创新模式成为文化服务业发展的主导动力，促进中国文化服务业发展由依赖技术进步逐渐转向技术效率提高的拉动。可见，政府对文化产业与现代服务业融合发展的重视，以及各项相关政策措施的出台，为文化服务业企业发展提供了重要机遇，文化服务业发展效率大力提升。

进一步分解纯技术效率和规模效率的变动发现，纯技术效率长期负增长，而规模效率表现出波动增长态势。再次表明当前中国文化服务企业的发展更多得益于大量投资带来的规模扩张。随着文化产业的重要性被提升到国家战略层面，国家财政部门设立了文化产业发展专项资金，地方政府也纷纷出台优惠政策促进文化企业融资。例如，2017 年北京市正式启动文创产业"投贷奖"联动，鼓励金融资本服务北京 20 余万家文创企业，实现文化与资本的高效对接①。此外，文化产业一直是资本市场重视和青睐的热点领域，私募股权、新三板、众筹等已成为中国文化企业进行资本运作的主流渠道。资本的大量涌入带来中国文化企业的快速扩张，相比而言，文化服务业企业的服务供给、文化创意内容及企业管理模式的优化在短期内带来的纯技术效率提高有限，导致中国文化服务业企业发展的规模效率明显高于企业管理模式、创意文化内容改进带来的纯技术效率。这也说明随着文化产业发展的转型升级，通过提高纯技术效率来推动文化服务业企业发展还有很大空间。

二、中国文化服务业企业全要素生产率变动的省际异质性

已有研究表明，文化产业发展效率存在显著的地区差异。那么，对于不同省市的文化服务业企业而言，其发展效率又表现出怎样的省际异质性？表 7-4 进一步报告了 2012~2017 年中国 31 个省区市文化服务业企业的全要素生产率变动及其分解。可以看出：

---

① 《2017 年文化产业资本市场全景图》。

（一）文化服务业企业全要素生产率变动呈现明显"东高西低"的省际异质性

2012~2017 年不同省市的文化服务业企业全要素生产率变动表现出明显的省际异质性。文化服务业企业全要素生产率增长排名前三的省市是浙江、天津和北京，其全要素生产率变动指数分别为 1.157、1.080 和 1.035；而排名靠后的河北、广西和宁夏的文化服务业企业全要素生产率变动指数仅为 0.893、0.887 和 0.858，不同省市的文化服务业企业发展存在显著差异。从东中西部地区来看，东部省市的文化服务业企业发展效率总体优于中西部地区：东部省市的文化服务业企业全要素生产率平均增长 1.2%，且多数省市的全要素生产率增长指数超过 1；中西部省市则均出现总体负增长，中部省市的平均增长率为 –1.8%，西部省市的平均增长率为 –4.3%，明显呈现出东高西低的分布格局。东部地区在物质资本、人力资本、创新资金、市场环境和发展政策等方面优于中西部地区（唐保庆等，2018），在文化服务业发展初期，东部省市表现出明显的地区优势，发展效率总体高于中西部地区。

（二）技术进步和技术效率提高的贡献表现出不同的省际异质性

从不同省市全要素生产率变动指数的分解来看，2012~2017 年中国多数省市文化服务业企业的技术进步指数大于 1，东、中、西部省市技术进步指数均值分别为 1.058、1.084、1.064，表明中国不同省市文化服务业企业出现不同程度的技术进步，且东部省市技术进步的贡献总体低于中西部省市技术贡献的技术进步，呈现东部省市文化服务业企业全要素生产率领先、中西部地区追赶的态势。

不同省市的技术效率则表现出不同于技术进步的省际异质性。一方面，除天津、浙江、福建、青海个别省市的技术效率表现正向增长外，其他省市的技术效率增长明显不足，技术效率指数不仅低于 1，甚至许多省市的技术效率指数低于 0.9 的水平；另一方面，技术效率变动表现出类似于全要素生产率总体变动的省际异质性，首先是东部表现最优（0.957）、其次中部省市（0.907）、西部表现最差（0.901），东部省市技术效率改进对全要素生产率增长的贡献总体最大。此外，技术效率的分解，纯技术效率和规模效率的省际异质性均与技术效率的省际异质性基本一致：东、中、西部省市的纯技术效率平均指数分别为 0.963、0.925 和 0.941，规模效率平均指数分别为 0.993、0.981 和 0.958。需要说明的是，技术效率总体最高的东部省市中仍存在河北（0.845）这类技术效率增长较低的省市，西部省市也存在青海（1.024）、新疆（1.040）等技术效率增长较高的省市，因此文化服务业发展效率一方面受不同地区整体发展环境的影响，另一方面与各省市自身发展条件存在密切关联，不同省市应充分利用特有的文化资源，有效发挥本省市文化服务业发展的自身优势。进一步从技术效率的分解来看，限制文化服务业企业综合技术效率增长的主要因素是纯技术效率，大部分省（区、市）的文化服务业企业纯技术效率明显低于规模效率。这一结果与上文分析中国文化服务业企业全要素生产率总体变动原因的结论一致。

表 7-4 2012~2017 年不同省市文化服务业企业全要素生产率变动

地区	省（区、市）	全要素生产率	技术变化	技术效率	纯技术效率	规模效率
东部	北 京	1.035	1.050	0.986	1.000	0.986
	天 津	1.080	1.057	1.022	1.023	0.999
	河 北	0.893	1.057	0.845	0.864	0.978
	辽 宁	0.909	0.954	0.953	0.949	1.004
	上 海	1.018	1.106	0.921	0.922	0.999
	江 苏	1.011	1.058	0.955	0.957	0.998
	浙 江	1.157	1.157	1.000	1.000	1.000
	福 建	1.031	1.021	1.010	1.010	1.000
	广 东	0.964	1.058	0.911	0.939	0.971
	海 南	1.025	1.061	0.966	0.969	0.997
	平 均	1.012	1.058	0.957	0.963	0.993
中部	山 西	0.964	1.102	0.875	0.887	0.986
	内蒙古	0.935	1.097	0.852	0.866	0.984
	吉 林	0.983	1.113	0.884	0.889	0.994
	黑龙江	0.992	1.086	0.913	0.927	0.985
	安 徽	0.988	1.067	0.926	0.939	0.986
	江 西	1.000	1.070	0.935	0.969	0.964
	山 东	0.987	1.107	0.892	0.932	0.957
	河 南	1.021	1.078	0.948	0.943	1.005
	湖 北	0.936	1.013	0.924	0.926	0.998
	湖 南	1.016	1.109	0.916	0.967	0.948
	平 均	0.982	1.084	0.907	0.925	0.981
西部	广 西	0.887	0.975	0.910	0.911	0.998
	重 庆	0.988	1.084	0.911	0.933	0.977

续表

地区	省（区、市）	全要素生产率	技术变化	技术效率	纯技术效率	规模效率
西部	四 川	1.004	1.108	0.906	0.926	0.978
	贵 州	0.935	1.060	0.882	0.883	1.000
	云 南	0.968	1.121	0.863	0.894	0.966
	西 藏	0.908	1.119	0.811	1.000	0.811
	陕 西	0.960	1.131	0.849	0.882	0.962
	甘 肃	0.902	1.024	0.881	0.895	0.984
	青 海	1.034	1.010	1.024	1.039	0.986
	宁 夏	0.858	1.033	0.831	0.949	0.875
	新 疆	1.084	1.042	1.040	1.038	1.002
	平 均	0.957	1.064	0.901	0.941	0.958
东、中、西部平均值		0.981	1.067	0.920	0.943	0.975

三、中国文化服务业与文化制造业企业全要素生产率变动的异质性

长期以来，中国文化产业的发展主要侧重于文化制造业，因此文化制造业企业已具有一定的竞争优势。那么，文化服务业企业全要素生产率变动及其分解与文化制造业企业有何差异？如何有效协同文化制造业与文化服务业的发展，进而推进文化产业现代化升级？表7-5进一步对比中国文化服务业企业和文化制造业企业全要素生产率变动的规律。

表7-5　2012~2017年中国文化制造业企业全要素生产率变动及其分解

	年份	2012~2013	2013~2014	2014~2015	2015~2016	2016~2017	平均值
文化制造业	全要素生产率	1.018	1.331	0.858	0.998	0.920	1.013
	技术变化	0.967	1.049	1.156	0.867	0.900	0.982
	技术效率	1.053	1.269	0.742	1.151	1.022	1.031
	纯技术效率	1.020	1.187	0.872	1.034	1.007	1.019
	规模效率	1.033	1.069	0.851	1.114	1.015	1.012

（一）文化服务业企业和文化制造业企业全要素生产率增长趋势差异明显

上文分析发现，2012~2017 年中国文化服务业企业全要素生产率出现不同程度的下降，平均增长率为 –1.9%。同一时期，中国文化制造业企业全要素生产率平均增长 1.3%，2012~2014 年表现出强劲的发展态势，2014 年增长率高达 33.1%；此后，文化制造业企业表现出一定的竞争优势，发展逐渐稳定，全要素生产率增长放缓，转向注重纯技术效率和规模效率，表明当前中国文化服务业和文化制造业处于不同发展阶段，已表现出明显不同的发展趋势和发展特征。

（二）文化服务业企业发展主要依赖技术进步，文化制造业企业主要依赖技术效率

上文分析还发现中国文化服务业企业发展主要依赖技术进步的拉动，且技术进步的拉动作用明显高于技术效率提高的贡献。相比而言，中国文化制造业企业的发展则主要依赖技术效率的提高，技术效率指数平均为 1.031，显著大于技术变化平均指数 0.982，表明当前中国文化制造业企业全要素生产率增长主要得益于技术效率的提高，技术进步的贡献逐渐减弱，这也是 2014 年以来中国文化制造业企业全要素生产率增长变缓的重要原因之一。

本章研究表明，中国文化服务业企业和文化制造业企业正处于不同的发展阶段，发展特征及变动规律均存在明显异质性。在制定文化产业升级相关政策时，应充分考虑文化服务业企业和文化制造业企业发展的异质性，有效促进两者之间的协同融合发展。

第四节　中国文化企业全要素生产率变动的影响因素

本章进一步利用 2013~2017 年 31 个省市的面板数据对中国文化服务业企业全要素生产率的主要影响因素进行实证检验。需要说明的是，上文利用 DEA–Malmquist 方法测算得到的是全要素生产率增长指数，并不是全要素生产率绝对值，因此将 2012 年的全要素生产率设定为 1，进而将增长指数转变为以 2012 年为基期的累积变化率形式，作为其后各年全要素生产率的相对水平（李俊，2017）。

一、变量说明

对于解释变量，本章借鉴郭淑芬等（2015）的做法将文化服务业企业全要素生产率的影响因素分为文化服务业要素投入、经济发展水平、文化投资与基础设

施、文化制造业发展四方面：①文化服务业要素投入包括文化服务业企业年末从业人数、应付职工薪酬、资产总额，这些变量是影响文化服务业企业全要素生产率最直接的因素。②经济发展水平。文化服务业是经济发展到一定水平后才逐渐产生和兴起的行业。人们在满足物质消费之后，才会对旅游、影视广播、音乐等文化消费产生需求（张为付等，2014）。因此，经济发展水平能够间接影响文化服务业全要素生产率。③文化投资与基础设施。文化投资和基础设施是文化产业繁荣发展的重要保障，也是文化服务业发展的基础条件。自国家确定将文化产业发展成支柱性产业以来，各地加大对文化相关产业的财政支出和投资，加强建设博物馆、艺术表演场馆、风景区等文化产业专用场所设施，这些措施在不同程度上促进文化服务业企业的发展。④文化制造业发展。文化制造业的创新有助于更新文化服务产品，两者存在协同发展效应（见表7-6）。

表7-6　主要变量说明

影响因素	具体衡量指标
文化服务业要素投入	文化服务业企业年末从业人数、应付职工薪酬、资产总额
经济发展水平	人均GDP、第三产业占GDP比重、城镇人口占总人口比重、城镇人均文化娱乐消费占人均总消费比重
文化投资和基础设施	地方财政文化体育与传媒支出占地方财政总支出比重、文化及相关产业固定资产投资、博物馆参观人次、艺术表演场馆观众人次、国家级风景名胜区游客人次
文化制造业发展	文化制造业工业总产值、R&D内部经费支出、新产品开发经费支出

　　这些变量既考虑了影响文化服务企业发展效率的供给层面和需求层面的因素，同时包含了文化服务企业发展的政策"软"环境和专用基础设施等硬件条件，以及文化制造业发展的协同作用，虽然无法考察影响文化服务业企业全要素生产率的所有因素，但能够较为全面地分析文化服务业企业全要素生产率的主要影响因素。

　　上述变量相关数据主要源于历年《中国文化及相关产业统计年鉴》。表7-7给出了主要变量的描述性统计。

表7-7　主要变量的描述性统计

指标符号	主要变量	样本量	平均值	最小值	最大值
tfp	文化服务业企业全要素生产率	155	0.950	0.465	2.072

续表

指标符号	主要变量	样本量	平均值	最小值	最大值
文化服务业要素投入					
employment	文化服务业企业年末从业人数	155	10.601	5.634	13.036
salary	应付职工薪酬	155	15.457	8.865	16.132
totalinvest	资产总额	155	12.704	6.655	18.725
经济发展水平					
gdp _ capita	人均 GDP	155	1.593	0.836	2.557
service _ ratio	第三产业占比	155	0.464	0.319	0.805
urban _ popu	城镇人口占比	155	0.566	0.237	0.896
culpay	城镇人均文化娱乐消费占比	155	0.051	0.017	0.091
文化投资和基础设施					
govpay	地方财政文化体育与传媒支出占比	155	0.018	0.011	0.037
culinvest	文化及相关产业固定资产投资	155	15.611	12.722	17.319
museum	博物馆参观人次	155	7.340	2.349	9.116
show	艺术表演场馆观众人次	154	5.112	0.116	7.712
attraction	国家级风景名胜区游客人次	150	7.203	0.095	9.693
文化制造业发展					
manuprod	文化制造业工业总产值	155	15.136	10.317	18.413
r & d	R&D 内部经费支出	145	9.991	0	13.852
new _ prod	新产品开发经费支出	147	10.079	1.098	14.307

注：除占比变量外，其余均取 ln 值。

二、模型构建与实证结果分析

为实证检验文化服务业企业全要素生产率的影响因素，本章构建如下多元回归模型：

$$tfp = \alpha_0 + \alpha_1 employment + \alpha_2 salary + \alpha_3 totalinvest + \alpha_4 gdp\_capita +$$
$$\alpha_5 service\_ratio + \alpha_6 urban\_popu + \alpha_7 culpay + \alpha_8 govpay + \alpha_9 culinvest +$$
$$\alpha_{10} museum + \alpha_{11} show + \alpha_{12} attraction + \alpha_{13} manuprod + \alpha_{14} r\&d +$$
$$\alpha_{15} new\_prod$$

$$(7-6)$$

经面板数据豪斯曼检验，确定采用固定效应模型。回归结果如表 7-8 所示。模型（1）~ 模型（4）依次加入文化服务业要素投入、经济发展水平、文化投资和基础设施、文化制造业发展层面的控制变量，本章重点探讨模型（4）的估计结果。可以看出，文化服务业要素投入中，文化服务业企业年末从业人数回归系数为 −0.456，且在 1% 的水平下显著，表明文化服务业企业从业人数与全要素生产率存在显著的负相关关系。文化服务业属于非劳动密集型产业，从业人数越多，说明属于低端服务业水平，企业的全要素生产率越低。应付职工薪酬和资产总额对全要素生产率存在明显正向影响，应付职工薪酬和资产总额是文化服务业发展的关键要素投入，在一定程度上衡量了一个文化服务业企业的规模及其所处行业高低水平。

表 7-8　实证回归结果

全要素生产率	（1）	（2）	（3）	（4）
文化服务业要素投入				
文化服务业企业年末从业人数	−0.287*** (0.063)	−0.231*** (0.076)	−0.386*** (0.087)	−0.456*** (0.092)
应付职工薪酬	0.243*** (0.060)	0.216*** (0.073)	0.337*** (0.081)	0.229*** (0.089)
资产总额	0.041 (0.050)	0.022 (0.051)	−0.036 (0.052)	0.116* (0.061)
经济发展水平				
人均 GDP		0.104 (0.103)	0.112 (0.123)	0.062 (0.153)
第三产业占比		0.285 (0.248)	0.472 (0.297)	0.921** (0.393)
城镇人口占比		−0.242 (0.355)	−0.129 (0.412)	0.008 (0.558)
城镇人均文化娱乐消费占比		3.849* (2.270)	3.473* (1.975)	3.201* (1.824)

续表

全要素生产率	（1）	（2）	（3）	（4）
文化投资和基础设施				
地方财政文化体育与传媒支出占比			0.703 (4.958)	4.170 (4.862)
文化及相关产业固定资产投资			0.004 (0.046)	−0.025 (0.049)
博物馆参观人次			0.094** (0.042)	0.075* (0.043)
艺术表演场馆观众人次			0.065*** (0.019)	0.049*** (0.018)
国家级风景名胜区游客人次			0.030 (0.021)	0.052** (0.026)
文化制造业发展				
文化制造业工业总产值				0.096*** (0.033)
R&D 内部经费支出				−0.014 (0.020)
新产品开发经费支出				0.036* (0.021)
样本量	155	155	149	132

注：括号内为稳健标准误；*、**、*** 分别表示在 10%、5%、1% 的水平上显著。

在经济发展水平变量中，人均 GDP、城镇人口占比的系数均为正，但统计上不显著，第三产业占比的系数为 0.921，且在 5% 的水平下显著，表明人均 GDP、城镇人口占比多少对文化服务业全要素生产率并没有显著影响，主要还是取决于第三产业也就是服务业的发展。城镇人均文化娱乐消费占比增加对文化服务业全要素生产率存在显著正向影响，与马跃如等（2012）的实证结论一致。文化娱乐消费的增加直接促进文化服务业的发展。

在文化投资和基础设施变量中，地方财政文化体育与传媒支出占比、文化及相关产业固定资产投资的系数均不显著，对文化服务业全要素生产率不存在明显影响，主要原因在于财政文化体育与传媒支出更多用于公共文化事业的发展，而文化及相关产业固定资产投资集中于文化制造业的生产上，对文化服务业的影响非常有限。博物馆、表演艺术场馆、国家级风景名胜区等文化基础设施的建设和完善均有助于提高文化服务业全要素生产率，相应回归系数分别为 0.075、0.049、0.052，且在 10% 的水平下显著（以表 7-8 第（4）列结果为准）。

在文化制造业发展变量中，文化制造业工业总产值和新产品开发经费支出的系数均显著为正，表明文化制造业的发展和创新能够促进文化服务业企业全要素生产率的提高，文化制造业与文化服务业发展存在协同效应。R&D 内部经费支出的回归系数不显著，可能的原因是 R&D 研发存在较大的风险，成功的概率低，对文化服务业的溢出效应有限。

本章小结

本章基于 2012~2017 年 31 个省市的面板数据，运用 DEA-Malmquist 指数法对中国文化服务业企业的全要素生产率变动进行测算和分解，并实证检验全要素生产率的主要影响因素。本书表明以下四个观点：

（1）2012~2017 年中国文化服务业企业全要素生产率总体负增长，主要依赖技术进步的推动。样本期间，中国文化服务业企业全要素生产率变动指数均值仅为 0.981，总体增长 -1.9%。中国文化服务业企业仍处于起步阶段，企业规模普遍较小，竞争能力不强，发展动力仍然较弱。从全要素生产率变动的分解来看，中国文化服务业企业技术进步的拉动明显超过技术效率提高的贡献，表明中国文化服务业企业的发展主要依赖技术进步拉动，技术效率的贡献非常有限，且纯技术效率明显不足，中国文化服务业企业仍以粗放型发展模式为主。

（2）2012~2017 年东部省市文化服务业企业全要素生产率总体呈现增长态势，中西部地区均负增长，且出现东高西低的"阶梯分布"格局；东部省市技术进步的贡献总体低于中西部地区技术进步的贡献，但技术效率改进的贡献最大。就不同地区而言，仅有东部省市文化服务业企业的全要素生产率平均增长 1.2%，中西部省市文化服务业企业全要素生产率分别减小 1.8%、4.3%，呈现东部表现最优、西部表现最差的"阶梯分布"。但东部省市仍存在河北这类全要素生产率变动指数较低的省份（0.893），西部省市也存在新疆这类全要素生产率变动指数较高的省份（1.084）。

在技术变动方面，中国文化服务业企业发展主要依赖技术进步的推动，但东部省市技术进步对文化服务业企业发展的贡献（1.058）总体低于中西部地区技术进步的贡献（分别为 1.084 和 1.064），可见，东部地区文化服务业企业已由粗放型发展模式逐渐向集约型转变。这一结果与东、中、西部省市技术效率的增长相统一：东部省市文化服务业企业的技术效率、纯技术效率以及规模效率平均高于中西部省市。

（3）2012~2017年中国文化服务业企业全要素生产率变动及其分解明显异于文化制造业企业。一方面，样本期间中国文化服务业企业全要素生产率总体负增长，仍处于起步发展阶段，中国文化制造业企业全要素生产率则平均增长1.3%，且在2012~2014年表现出强劲的发展态势，随后发展逐渐趋于稳定，全要素生产率增长变缓，转向注重纯技术效率和规模效率的提高。另一方面，中国文化服务业企业的发展主要依赖技术进步的推动，而文化制造业企业全要素生产率增长主要依赖技术效率提高，且由以纯技术效率为主向以规模效率为主过渡。表明中国文化服务业企业和文化制造业企业所处的发展阶段、发展特征及变动规律均存在明显异质性。

（4）文化服务业企业全要素生产率主要影响因素的实证结果表明，在文化服务业要素投入中，职工薪酬及资产投入对文化服务业全要素生产率存在正向影响，而从业人数越多并不一定带来全要素生产率的提高，表现出文化服务业作为非劳动密集型产业的特性。在经济发展水平变量中，第三产业占比、城镇人均文化娱乐消费占比的增加直接促进文化服务业全要素生产率的提高，人均GDP、城镇人口占比并无显著影响，表明文化服务业的发展主要取决于产业结构、消费结构的优化。在文化投资和基础设施中，博物馆、艺术表演场馆及国家级风景名胜区等文化专用基础设施的建设和有效利用与文化服务业全要素生产率正相关，地方财政文化体育与传媒支出占比、文化及相关固定资产投资由于主要投资于文化事业和文化制造业，对文化服务业的发展作用有限。此外，文化制造业与文化服务业存在协同发展效应，文化制造业工业总产值及新产品开发经费支出的增加有助于提高文化服务业企业全要素生产率。

文化企业是文化贸易产生和发展的微观主体，是文化贸易转型升级的关键。本章研究表明，中国文化服务业企业的生产率总体偏低，仍处于初级发展阶段，且存在明显的省际异质性；此外，文化投资效率的提高、产业结构的优化、文化消费的增加、文化基础设施的完善以及文化制造业的创新升级均有助于提高文化服务业企业全要素生产率，进而促进文化贸易的高质量发展。

第八章

政府公共文化支出对家庭文化消费的影响研究
——基于中国家庭追踪调查的分析

在双循环新发展格局下，中国对外文化贸易高质量发展应立足国内文化经济的发展，其中促进国内文化消费是重要一环。因此，本章基于中国家庭追踪调查（CFPS）2014 年和 2016 年的家庭经济数据，利用 Tobit 模型实证分析了政府公共文化支出对家庭文化消费的影响，以及该影响在城镇和农村家庭、不同收入水平家庭中表现出的异质性。研究表明：政府公共文化支出增加有助于提高家庭文娱支出占比，且在缩尾处理和更换关键变量的稳健性检验中，核心结论仍然成立；但是，政府公共文化支出对文化消费的挤入效应主要局限于城镇家庭及中低收入家庭，对农村家庭、低收入和中高收入家庭的刺激作用不显著。应继续扩大文化事业财政支出规模，优化公共文化服务资源配置，重点扶持农村文化娱乐消费，同时提高文化产品和服务供给质量。

第一节 引言

随着中国经济发展和居民收入水平提高，人们的精神消费需求不断扩大，文化消费作为一种发展性消费、精神性消费，已成为新时代居民生活方式不可或缺的部分。党和国家高度重视文化体制改革和文化事业建设，多次出台政策文件促进文化产业发展，提升文化消费，以满足人民群众日益增长的精神文化生活需求。其中，党的十九大报告强调指出"完善公共文化服务体系，深入实施文化惠民工程，丰富群众性文化活动"；党的二十大报告进一步强调"健全现代公共文化服务体系，创新实施文化惠民工程"，将公共文化服务供给提到崭新高度。其中，公共文化服务支出是公共文化服务供给最为直接的物质基础，随着公共文化服务体系的建设与完善，国家和地方政府的公共文化财政支出逐渐提高。根据财政部数据，全国文化旅游体育与传媒支出占全国一般公共服务支出比重已由2007年的12.14%增加到2020年的17.24%。

在理论上，政府公共文化服务支出对居民文化消费存在两方面影响：一方面，政府公共支出增加可能造成相关产品和服务价格提高，对居民文化消费产生挤出效应；另一方面，政府对公共文化事业的投入，有助于增加文化消费供给，间接提高文化传播和居民文化素养，进而促进居民文化消费。因此，政府公共文化支出对居民文化消费可能存在正反效应。实证研究中，赵卫军等（2018）研究表明，政府投入水平与文化消费水平呈负相关关系；而任文龙等（2019）发现，政府文化支出较高的地区，居民文化消费水平一般也越高。对于中国而言，城乡二元结构导致公共财政支出与公共服务长期在城镇与农村地区供给的严重失衡，进而造成财政支出对城乡居民消费的影响存在明显差别；此外，消费特征差异也是造成财政支出政策效应不同的重要原因，因此，财政支出对面临较强流动性约束的消费者产生挤入效应的可能性要大于不受流动性约束的消费者。那么，政府公共文化支出对文化消费到底有何影响？对城乡居民文化消费、不同收入水平的居民文化消费影响是否存在异质性？本章将利用家庭层面的数据进行专门探讨。

第二节　文化消费影响因素的相关文献综述

关于中国居民文化消费影响因素的研究主要分为两大类：

第一，从不同视角出发采用不同的方法和数据分析文化消费的综合影响因素。邹晓东和苏永军（2000）从消费能力、消费意愿和消费机会三个层面考察了居民收入水平、受教育水平和文化产品供给对上海文化消费的影响；胡乃武和田子方（2015）基于2009年中国城镇居民3923个家庭数据，利用Tobit模型分析了家庭总收入、消费习惯、个人特征、家庭环境等因素对文化消费的影响，并发现东中西部地区的文化消费表现出明显区域差异；张梁梁和林章悦（2016）从文化消费自身影响、个人因素和社会因素三个层面，利用动态空间面板模型研究居民人均收入、受教育程度、年龄结构、社会保障、文化自由度和区域差异的影响。孟迪云和黄容（2016）则利用1991~2013年省际面板数据实证检验发现居民收入、受教育水平对文化消费产生正向的影响。

第二，针对性研究特定因素对文化消费的影响。大部分文献在实证分析文化消费综合影响因素时，首先纳入模型的变量是收入水平，因此针对性研究最多的也是收入的影响。雷五明（1993）较早指出，消费者的收入水平是影响居民文化消费最主要的因素。然而，随着居民人均可支配收入快速增长，中国文化消费未能同步增长。后续研究进一步发现收入对文化消费的正向影响受到阶层认知方面的限制，且受居民生活压力和社会保障满意度、城市化、金融发展规模和发展效率的调节。此外，孙豪和毛中根（2018）分析了不同性质和不同来源收入对城镇和农村居民文化消费影响的异质性；苏林森和程思琪（2018）则利用中国综合社会调查（CGSS）的微观数据，从个体层面检验发现收入通过消费主义和社会交往两个渠道影响文化消费的作用机制。部分学者还针对性地分析了消费者成瘾性心理特征、教育支出、人口结构、社会阶层认知差异、房贷压力等因素对文化消费的影响。

综合来看，国内学者已对文化消费的影响因素进行了较为丰富的探讨，但很少涉及政府及文化政策在其中的重要作用，更缺乏针对性分析政府公共文化支出对文化消费影响的研究。关于公共文化支出，多数研究只是定量测度政府公共文化支出效率或省际差异，个别学者只是在研究文化消费综合影响因素时加入政府文化支出这一控制变量。因此，本章基于2014年、2016年中国家庭追踪调查构造家庭层面的经济数据，利用Tobit模型重点考察政府公共文化支出对居民文化消费的影响，并进一步区分城镇和农村家庭文化消费、不同收入水平家庭文化消费，探究政府公共文化支出对家庭文化消费影响的异质性，以此促进对外文化贸易双循环格局的良性发展。

第三节 模型设定与变量说明

一、数据来源

本章使用的主要数据来自中国家庭追踪调查（China Family Panel Studies，CFPS）2014年和2016年数据库。该调查由北京大学中国社会科学调查中心实施，旨在通过跟踪收集个体、家庭、社区三个层次的数据，反映中国社会、经济、人口、教育和健康的变迁，为学术研究和公共政策分析提供数据基础。CFPS于2010年正式开展，并以此次调查为基线界定出CFPS基因成员，成为永久追踪对象，随后于2012年、2014年、2016年、2018年进行追访，样本覆盖了中国内地除内蒙古、青海、宁夏、新疆、西藏以外的25个省（市/自治区），目标样本规模为16000户，调查对象包含样本家户中的全部家庭成员。该调查提供了家庭层面居民消费的丰富信息，为本章实证检验政府公共文化支出对文化消费影响提供了微观基础数据[①]。

CFPS调查数据共有社区、家庭、成人和少儿四种主体问卷类型，本章主要使用后三类问卷提供的信息。首先将成人问卷数据和少儿问卷数据合并，其次根据家庭代码与家庭问卷数据进行匹配。参照李涛等（2019）的做法，剔除核心变量数据缺失的观测值，最终得到24532个家庭样本。

二、模型设定与变量说明

文化消费是指满足居民精神需求的文化产品与服务的消费，具体包括作为发展性文化消费的教育支出与娱乐性文化消费；但本章研究的文化消费并不涉及发展或投资性文化消费的意蕴，仅考虑居民文化娱乐支出[②]。在样本家庭中，共有17334个家庭的文化娱乐支出为0元，因此简单利用最小二乘法进行多元ols模型估计的结果有偏且不一致，使用Tobit模型更为合理[③]。具体估计模型为：

$$\begin{cases} culture_i = \alpha_0 + \alpha_1 gov_i + \beta X_i + \mu_i \\ culture^* = \max(0, culture) \end{cases} \tag{8-1}$$

式（8-1）为截取的Tobit模型，误差项 μi 独立且服从正态分布；其中，$culture_i$ 表示家庭 i 的文化消费，$culture^*$ 表示家庭文化消费大于0的部分。本章利用家庭文化娱乐支出占家庭纯收入比 $culture1$、文化娱乐支出占家庭总支出比 $culture2$ 衡量家庭文化消费进行基准回归，并利用文化娱乐支出占家庭消费性总支出比 $culture3$、家庭人均文化娱乐支出对数 $culture4$ 进行稳健性检验。gov 表示政府公共文化支出，基准回归中利用地方财政文化体育与传媒支出占地方财政一般预算支出比重 $gov1$ 衡量，利用文化体育与传媒支出占地区生产总值比重 $gov2$ 进行稳健性检验，相关数据来自历年《中国统计年鉴》。

X_i 表示实证分析中引入的控制变量，包括家庭层面和地区层面变量两大类。

---

① CFPS调查官网：http://www.isss.pku.edu.cn/cfps/。

② 在CFPS调查中，相应问题为：FP502"文化娱乐支出（元）"，过去12个月，包括购买报纸杂志、看电影、看戏等，您家用于文化娱乐的支出是多少？

③ Tobit模型使用需要满足两个基本条件：因变量必须正概率取值为0；其他非0的样本在正值上连续分布，本章数据结构正好满足Tobit估计的条件。

（一）家庭层面变量

（1）家庭经济特征。本章利用 CFPS 调查中家庭人均纯收入对数 $\ln income$ 、家庭人均金融资产对数 $\ln asset$ 衡量。此外，收入水平是影响居民文化消费的关键因素，但中国文化消费并未随着居民人均可支配收入的提高而线性增长，因此本章还引入家庭人均纯收入的平方项，并取其对数值 $\ln income^2$ 。

（2）家庭教育程度。参照毛捷和赵金冉（2017）的做法，本章利用家庭人均受教育水平 edu [①] 衡量整个家庭的受教育程度。居民教育水平越高，其对文化产品的鉴赏力和理解能力越高，文化消费意愿和需求通常也更高。因此，较高的教育程度有助于提高家庭文化消费水平。

（3）家庭人口结构。本章利用家庭人口总数 $size$ 、14 岁及以下人口占家庭人口总数比 $young$ 、65 岁及以上人口占家庭人口总数比 old 衡量。家庭人口规模有助于发挥"规模经济效应"，导致平摊后的文化消费支出减少；但是，家庭人口增多导致文化需求多样化，也有可能促进文化消费支出的增加。因此，家庭人口规模对文化消费存在不确定影响。此外，家庭少儿人口比具有显著的文化消费需求效应，而家庭老年人口比对文化消费需求形成挤压。

（4）家庭消费结构：本章利用四项刚性支出（食品、居住、医疗、交通通信）占家庭总支出的比重衡量 $consu$ 。居民消费主要由食品、衣着、居住、交通通信、文教娱乐、医疗保健、生活用品等构成，且食品、居住、医疗和交通等刚性消费会对文化消费产生挤出效应。

（5）家庭户籍性质。根据 CFPS 调查中家庭户口登记性质设置：城镇户口，$urban = 1$ ；农村户口，$urban = 0$ 。

（二）地区层面变量

（1）文化产业固定投资。文化产业固定资产投资在一定程度上反映地区文化产业基础设施的完善程度及文化产品和服务的供给能力。本章利用文化及相关产业固定资产投资额占地区生产总值比 $invest$ 衡量。

（2）公共文化事业发展。公共文化事业不仅为群众精神生活提供重要支持，而且有助于促进文化传播，培养居民文化消费习惯。本章利用人均博物馆馆藏量 $museum$ 、人均公共图书馆藏书量 $libra$ 、群众文化机构组织文艺活动次数 $show$ 衡量。其中，家庭层面变量相关数据均来自 CFPS 调查，地区层面变量相关数据

---

① 家庭人均受教育水平指家庭成员各自最高学历的平均值。在 CPFS 调查中，最高学历的原始值分为 8 档：a. 文盲 / 半文盲；b. 小学；c. 初中；d. 高中 / 中专 / 技校 / 职高；e. 大专；f. 大学本科；g. 硕士；h. 博士。

来自历年《中国文化及相关产业统计年鉴》。

表 8-1 给出了主要变量的描述性统计。可以看出，样本家庭文娱支出占家庭纯收入、家庭总支出和家庭消费性支出比重均值分别为 0.336%、0.235% 和 0.287%，家庭人均文娱支出均值为 67.21 元；家庭平均受教育水平为 2.381，大致为初中文凭；家庭人口规模平均约为 4 人，少儿人口比平均为 12.01%、老年人口比平均为 15.64%；刚性消费支出占家庭总支出比重平均为 61.89%；约 49.08% 的样本户籍为城镇户口，50.92% 的样本为农村户口。此外，各省市政府公共文化支出占地方财政一般预算支出比均值为 1.78%，最高为北京市的 3.62%、最低为重庆市的 1.09%；文化产业固定投资占地区生产总值比平均为 4.10%，每百人博物馆馆藏约 2.3 件、公共图书馆藏书量约 70 册，每万人群众文化机构组织文艺活动约 7.6 次。

表 8-1 主要变量的描述性统计

变量	平均值	标准差	中位数	最小值	最大值	观测值
文娱支出占家庭纯收入比 culture1	0.336	1.655	0	0	83.333	24532
文娱支出占家庭总支出比 culture2	0.235	0.707	0	0	19.587	24532
文娱支出占家庭消费支出比 culture3	0.287	0.883	0	0	29.343	24379
家庭人均文娱支出对数 culture4	1.350	2.204	0	0	9.616	24532
公共文化支出占地方财政一般预算支出比 gov1	0.018	0.003	0.018	0.011	0.036	24532
公共文化支出占地区生产总值比 gov2	0.004	0.002	0.003	0.002	0.009	24532
家庭人均收入对数 ln income	9.298	1.161	9.426	0.223	15.243	24532
家庭人均金融资产对数 ln asset	5.664	4.518	7.601	0	14.732	24435
家庭平均受教育程度 edu	2.381	1.082	2.125	0.250	7	24532
家庭成员数 size	3.758	1.854	3	1	19	24532
家庭少儿人口比 young	0.120	0.163	0	0	0.833	24532
家庭老年人口比 old	0.156	0.295	0	0	1	24532
刚性消费占家庭总支出比 consu	0.619	0.215	0.641	0.006	1	24532
家庭户籍性质 urban	0.491	0.500	0	0	1	24532
文化产业固定投资占地区生产总值比 invest	0.041	0.020	0.040	0.008	0.097	24532
人均博物馆馆藏量 museum	0.023	0.023	0.015	0.003	0.097	24532
人均公共图书馆藏书量 libra	0.703	0.682	0.504	0.245	3.172	24532
每万人群众文化机构组织文艺活动次数 show	7.550	5.544	6.111	3.914	32.235	24532

注：由于文娱支出占比较小，culture1、culture2、culture3 均是百分比之后的数值。

第四节　政府公共文化支出影响家庭文化消费的实证检验

一、基准回归

本部分对公共文化支出影响居民文化消费进行基准回归。表 8-2 报告了 Tobit 估计结果。第 1~4 列以文化娱乐支出占家庭纯收入比为因变量，在依次加入家庭层面、地区层面及年份、地区固定效应控制变量后，政府公共文化支出 *gov*1 的边际效应系数为 11.399，仍在 1% 的统计水平上显著为正，表明地方政府公共文化支出的增加明显提高文化消费占家庭纯收入的比重。第 5~8 列以文化娱乐支出占家庭总支出比为因变量，同样分别控制了家庭层面变量、地区层面变量及年份、地区固定效应，政府公共文化支出的边际效应系数为 3.678，且在 5% 的统计水平上显著为正，再次表明地方政府公共文化支出增加有助于提高文化消费支出占比。近年来，随着国家对文化事业发展越来越重视，地方政府在文化事业方面的财政性经费逐年增长，加上公共文化服务体系建设日益完善，文化产品和服务供给增加，这些措施有效提升了居民文化消费意愿，刺激居民文化消费支出的上升。

表 8-2　基准回归结果

变量	文娱支出占家庭纯收入比 culture1				文娱支出占家庭总支出比 culture2			
	（1）	（2）	（3）	（4）	（5）	（6）	（7）	（8）
政府公共文化支出 *gov*1	17.149***	16.659***	12.313***	11.399***	8.950***	6.622***	5.783***	3.678**
	(3.191)	(3.173)	(3.358)	(3.337)	(1.428)	(1.402)	(1.530)	(1.499)
家庭人均收入 ln *income*		−0.892		−1.576		1.251***		0.909***
		(2.337)		(2.338)		(0.363)		(0.331)
家庭人均收入平方 ln *income*^{2}		0.341		0.676		−0.605***		−0.439***
		(1.167)		(1.167)		(0.180)		(0.164)
家庭人均金融资产 ln *asset*		0.015***		0.015***		0.007***		0.007***
		(0.003)		(0.003)		(0.001)		(0.001)
家庭平均教育程度 *edu*		0.166***		0.166***		0.107***		0.107***
		(0.011)		(0.012)		(0.006)		(0.006)
家庭成员数 *size*		−0.043***		−0.043***		−0.016***		−0.016***
		(0.007)		(0.007)		(0.003)		(0.003)

续表

变量	文娱支出占家庭纯收入比 culture1				文娱支出占家庭总支出比 culture2			
	（1）	（2）	（3）	（4）	（5）	（6）	（7）	（8）
家庭少儿人口比 young		0.478*** (0.073)		0.499*** (0.073)	0.330*** (0.029)			0.340*** (0.029)
家庭老年人口比 old		-0.089*** (0.040)		-0.110*** (0.040)	-0.012 (0.013)			-0.024* (0.013)
刚性消费 consu		-0.384*** (0.051)		-0.399*** (0.050)	-0.088*** (0.018)			-0.093*** (0.018)
家庭户籍性质 urban		0.171*** (0.023)		0.153*** (0.023)	0.073*** (0.009)			0.065*** (0.009)
文化固定投资 invest			-0.487 (0.642)	-0.186 (0.682)			0.227 (0.259)	0.117 (0.280)
人均博物馆馆藏量 museum			3.182*** (0.915)	3.161*** (0.916)			1.049** (0.455)	1.955*** (0.454)
人均公共图书馆藏书量 libra			0.079* (0.049)	0.136*** (0.048)			0.145*** (0.026)	0.087*** (0.025)
群众文化机构文艺活动 show			-0.015*** (0.006)	-0.017*** (0.006)			-0.009*** (0.003)	-0.012*** (0.003)
年份固定效应	否	否	否	是	否	否	否	是
地区固定效应	否	否	否	是	否	否	否	是
观测值	24532	24435	24532	24435	24532	24435	24532	24435
Pseudo R^2	0.012	0.152	0.018	0.155	0.012	0.170	0.021	0.173

注：括号中数值为稳健标准误；*、**、*** 分别表示在 10%、5%、1% 水平上显著。

在家庭层面控制变量中，除家庭人均纯收入 ln income 的边际效应系数在 culture1 和 culture2 回归中存在差异外，其他变量的系数符号和显著性基本一致。在 culture1 回归中，家庭人均纯收入及其平方项的边际效应系数均不显著，可能的原因是因变量设为文娱支出占家庭纯收入的比重，因此家庭人均纯收入增加对该比重的影响无法凸显；但在 culture2 回归中，家庭人均纯收入对文娱支出占家庭总支出比重存在倒 "U" 形关系，即当收入水平小于临界值时，家庭人均收入增加显著提高文娱支出占比；但当收入水平超过该临界值时，文娱支出占比并不会随着家庭人均收入的增加而提高。家庭金融资产 ln asset 的回归系数均显著为正，表明拥有较高金融资产的家庭能够有效促进享受性文化消费支出。家庭教育程度 edu 的边际效应系数也均显著为正，家庭教育水平越高，文化理解能力和文化消费意愿通常也更高，进而促进家庭文娱消费，这与已有研究结论及经济现实相符。在家庭人口结构方面，家庭人口规模 *size* 和家庭老年人口比 *old* 的系数显著为负，家庭少儿人口比 *young* 的系数均显著为正。对于文化消费，家庭人口规模表现出的"规模经济效应"超过"消费多样化效应"，导致平摊后的文化消费支出下降；此外，家庭少儿人口比具有文化消费需求效应，有助于提高家庭文化消费，而老年人口比对家庭文化消费产生挤压效应，限制了家庭文化消费支出，这一结论验证了曹佳斌和王珺（2019）的研究。家庭刚性消费占比 *consu* 的边际效应系数均显著为负，表明家庭食品、居住、医疗、交通通信支出对文化娱乐支出产生挤出效应；此外，家庭户籍 *urban* 的系数均显著为正，即城镇家庭的文化消费支出显著高于农村家庭的文化消费，这些结论与经济现实都相吻合。

在地区层面控制变量中，文化产业固定投资 *invest* 的估计系数均不显著，文化产业固定投资在一定程度上反映了文化产业的发展及文化产品和服务的供给，这一估计结果表明，文化产品的供给增加并没有带来家庭文娱消费支出占比的提高，文化供给和文化需求存在一定的市场错位。在公共文化事业发展方面，人均博物馆馆藏量 *museum*、人均公共图书馆藏书量 *libra* 的边际效应系数均显著为正，博物馆和公共图书馆是重要的公共文化基础设施，博物馆馆藏量和公共图书馆藏书量的增加为居民提供了更加丰富的文化产品和精神食粮，有助于提升居民文化消费意识，增强文化消费意愿，进而促进家庭文化消费支出。这一结果说明，公共文化事业发展和公共文化服务体系的完善切实有效地促进了居民文化消费。群众文化机构组织文艺活动 *show* 的系数显著为负，可能的原因是群众文化机构组织的文艺活动吸引了居民的参与，从而对自发性的文化消费支出产生一定的挤出效应。

二、文教娱乐消费和教育培训支出的分析

文化消费具体可区分为作为发展性文化消费的教育支出与娱乐性文化消费。基准回归中，本章仅考虑了娱乐性的文化消费，但为保证估计结果的稳健性，参照已有研究中的普遍做法，进一步考察政府公共文化支出对文教娱乐消费、教育培训支出的影响。因此，本章选取 CFPS 家庭消费中的"文教娱乐支出"替代"文化娱乐支出"，分别将文教娱乐支出占家庭纯收入比、文教娱乐支出占家庭总支出比作为因变量，估计方法与基准模型相同。

表 8-3 中第（1）~第（2）列报告了 Tobit 估计结果。可以看出，政府公共文化支出的边际效应系数均显著为正，表明政府公共文化支出的增加对文教娱乐

消费也存在明显的促进作用，这一结果说明基准回归结果具有稳健性。此外，将教育培训支出单独作为一项进行估计，政府公共文化支出的系数出现正负值，且均不显著。这从侧面反映出本章单独选择文娱消费支出进行研究具有一定的合理性。

表 8-3　文教娱乐和教育培训支出的检验

变量	文教娱乐消费		教育培训支出	
	占家庭纯收入比（1）	占家庭总支出比（2）	占家庭纯收入比（3）	占家庭总支出比（4）
政府公共文化支出 *gov1*	0.811*** (0.301)	0.044* (0.025)	0.643 (0.486)	−0.009 (0.205)
家庭人均收入 ln *income*	−3.751*** (0.422)	−1.186*** (0.298)	−3.642*** (0.401)	−1.419*** (0.287)
家庭人均收入平方 ln *income*^{2}	1.856*** (0.211)	0.591*** (0.149)	1.803*** (0.200)	0.707*** (0.143)
家庭人均金融资产 ln *asset*	0.001* (0.000)	0.001 (0.000)	0.001** (0.000)	0.001*** (0.000)
家庭平均教育程度 *edu*	0.011*** (0.001)	0.004*** (0.001)	0.003*** (0.001)	−0.002*** (0.001)
家庭成员数 *size*	0.005*** (0.001)	0.008*** (0.000)	0.007*** (0.001)	0.009*** (0.000)
家庭少儿人口比 *young*	0.010 (0.007)	0.005 (0.005)	−0.000 (0.006)	−0.004 (0.005)
家庭老年人口比 *old*	−0.039*** (0.004)	−0.015*** (0.003)	−0.044*** (0.003)	−0.020*** (0.002)
刚性消费 *consu*	−0.226*** (0.005)	−0.174*** (0.003)	−0.198*** (0.004)	−0.159*** (0.003)
家庭户籍性质 *urban*	0.025*** (0.002)	0.010*** (0.001)	0.018*** (0.002)	0.005*** (0.001)
文化固定投资 *invest*	−0.022 (0.061)	0.079* (0.043)	−0.001 (0.058)	0.070* (0.042)
人均博物馆馆藏量 *museum*	0.147* (0.083)	0.214*** (0.058)	0.347*** (0.079)	0.341*** (0.056)
人均公共图书馆藏书量 *libra*	0.020*** (0.004)	0.012*** (0.003)	0.015*** (0.004)	0.007** (0.003)

续表

变量	文教娱乐消费		教育培训支出	
	占家庭纯收入比（1）	占家庭总支出比（2）	占家庭纯收入比（3）	占家庭总支出比（4）
群众文化机构文艺活动 show	−0.001* （0.001）	−0.000 （0.000）	−0.001 （0.001）	−0.000 （0.000）
年份固定效应	是	是	是	是
地区固定效应	是	是	是	是
观测值	23844	23844	23844	23844
Pseudo R^2	0.184	0.108	0.162	0.198

注：括号中数值为稳健标准误；*、**、***分别表示在10%、5%、1%水平上显著。

三、稳健性检验

（一）缩尾处理

为进一步验证基准回归结果是否稳健，本章对主要变量进行1%的双头缩尾处理后再次进行 Tobit 估计，表8-4第（1）～第（2）列报告了缩尾处理后的估计结果。可以看出，政府公共文化支出的系数仍显著为正，政府公共文化支出的增加对家庭文娱支出占比具有明显的促进作用；其他控制变量的系数在正负号及显著性方面也与基准回归结果基本一致，说明本章研究结论未发生实质性改变。

（二）更换关键变量

本部分将因变量"文化消费"的衡量方法变为"家庭文娱支出占家庭消费性总支出比""家庭人均文娱消费支出"，关键解释变量"政府公共文化支出"的衡量方法变为"文化体育支出占地区生产总值比"，并按照基准模型进行稳健性估计。从表8-4第（3）～第（4）列估计结果可知，政府公共文化支出的系数均显著为正。在利用其他指标衡量文化消费和政府公共文化支出的情况下，本章核心结论依旧成立。

表8-4　稳健性检验结果

变量	缩尾处理（1%）		更换关键变量	
	culture1（1）	culture2（2）	culture3（3）	culture4（4）
政府公共文化支出 gov1	7.905*** （1.696）	4.175*** （1.065）		

续表

变量	缩尾处理（1%）		更换关键变量	
	*culture*1（1）	*culture*2（2）	*culture*3（3）	*culture*4（4）
政府公共文化支出 *gov*2			14.029*** （3.383）	61.403*** （7.455）
控制变量	是	是	是	是
年份固定效应	是	是	是	是
地区固定效应	是	是	是	是
观测值	23844	23844	23715	23844
Pseudo R^2	0.178	0.212	0.153	0.272

注：括号中数值为稳健标准误；*** 表示在 1% 水平上显著。

第五节 异质性分析

一、城镇与农村家庭文化消费异质性

长期以来，中国财政支出具有"偏城市"倾向的特征，城镇地区在资源分配上受到明显照顾，获得更多的财政支出和公共服务资源。因此，财政支出政策效应存在明显的城乡差异，这也是导致城乡居民消费差距拉大的重要因素。城镇和农村文化消费存在明显差异（李蕊，2013），那么公共文化支出对城乡文化消费的影响是否也存在异质性？本章根据家庭户籍性质区分城镇家庭和农村家庭，进一步考察政府公共文化支出对城镇家庭文化消费和农村家庭文化消费影响的异质性。

表 8-5 报告了 Tobit 估计结果。在以城镇家庭为样本的回归中，政府公共文化支出影响文娱支出占家庭纯收入比 *culture*1 的边际效应系数为 11.963，且在 1% 的统计水平上显著；影响文娱支出占家庭总支出比 *culture*2 的估计系数为 4.312，在 5% 的水平上显著。但是对于农村家庭，政府公共文化支出的边际效应系数均不显著，表明政府公共文化支出对文化消费的挤入效应局限于城镇家庭，政府公共文化支出的增加能够明显提高城镇家庭文化消费支出比，但对农村家庭文化消费的刺激作用微弱。这一回归结果表明，公共文化支出对城乡家庭文化消费的影响存在显著差异。公共文化支出和公共文化服务在农村的缺失以及在城乡之间投入力度的不平衡，是农村文化消费较低、城乡居民文化消费差距加大的原因

之一。

表 8-5　城镇与农村文化消费异质性

变量	城镇家庭		农村家庭	
	*culture*1	*culture*2	*culture*1	*culture*2
政府公共文化支出 *gov*1	11.963***	4.312**	9.206	3.132
	(3.663)	(2.126)	(6.160)	(2.274)
家庭人均收入 ln *income*	−8.631**	1.787	0.137	0.099
	(3.818)	(2.216)	(3.093)	(0.900)
家庭人均收入平方 ln *income*²	4.213**	−0.865	−0.189	−0.042
	(1.907)	(1.107)	(1.544)	(0.449)
家庭人均金融资产 ln *asset*	0.015***	0.008***	0.015***	0.006***
	(0.003)	(0.002)	(0.004)	(0.001)
家庭平均教育程度 *edu*	0.190***	0.122***	0.089***	0.054***
	(0.012)	(0.007)	(0.023)	(0.007)
家庭成员数 *size*	−0.070***	−0.027***	−0.018*	−0.003
	(0.009)	(0.005)	(0.010)	(0.003)
家庭少儿人口比 *young*	0.670***	0.415***	0.270**	0.220***
	(0.091)	(0.053)	(0.113)	(0.033)
家庭老年人口比 *old*	−0.093**	−0.059***	−0.166**	−0.017
	(0.047)	(0.027)	(0.066)	(0.019)
刚性消费 *consu*	−0.610***	−0.170***	−0.219***	−0.022
	(0.064)	(0.037)	(0.079)	(0.023)
文化固定投资 *invest*	0.392	0.675	−0.284	−0.156
	(0.857)	(0.498)	(1.065)	(0.310)
人均博物馆馆藏量 *museum*	1.186	1.258**	5.035***	2.094***
	(1.066)	(0.618)	(1.591)	(0.463)
人均公共图书馆藏书量 *libra*	0.194***	0.132***	0.104	0.025
	(0.053)	(0.031)	(0.091)	(0.026)
群众文化机构文艺活动 *show*	−0.018***	−0.016***	−0.015	−0.001
	(0.006)	(0.003)	(0.013)	(0.004)
年份固定效应	是	是	是	是
地区固定效应	是	是	是	是
观测值	11975	11975	12460	12460
Pseudo R²	0.150	0.186	0.128	0.153

注：括号中数值为稳健标准误；*、**、*** 分别表示在 10%、5%、1% 水平上显著。

在控制变量中，收入水平与城镇家庭文娱支出占家庭纯收入比呈现"U"形关系，但这一关联在以文娱支出占家庭总支出比为因变量的回归中表现得并不稳健；此外，其他控制变量对城镇家庭文娱支出比的边际效应与基准回归的估计结果基本一致。对于农村家庭，收入水平影响农村家庭文娱支出比的边际效应系数均不显著，表明收入水平并非当前中国农村家庭文化消费的主要决定因素。家庭金融资产、家庭教育水平和少儿人口比的估计系数仍显著为正，表明文化消费观念是影响农村家庭文化消费的重要因素。即使家庭户籍属于农村户口，但在具备一定家庭资产和经济条件下，农村家庭中接受过更高教育的成员以及对娱乐性消费具有更高需求的少儿有助于提高农村家庭的文化消费接受度和文化消费意愿，进而促进农村家庭文化消费支出。此外，公共图书馆藏书量和群众文化机构组织文艺活动对农村家庭文娱支出比的影响均变得不显著，农村公共文化事业和文化服务体系的建设仍不充分、不完善，对农村文化娱乐消费的促进作用非常有限。

二、不同收入水平家庭文化消费异质性

消费特征差异也可能导致财政支出政策效应的不同。对于最低收入人群，他们的消费特征是受到收入较低和较强流动性约束的双重限制，通常选择将大部分收入用于生活必需品的消费；对于中低收入人群，他们的消费受到较小程度的流动性约束限制，且具有较高的消费倾向和意愿，公共财政支出能够提高这部分人群的可支配收入，从而促进他们的消费；对于高收入人群，由于制约他们消费的主要因素并非消费能力和消费意愿，而是优质消费品的供给，因此，财政支出对高收入人群消费的影响作用可能较弱。因此，财政支出对不同收入人群消费的影响作用存在差异。

CFPS 调查根据家庭人均纯收入划分出最低 25%、中低 25%、中高 25% 和最高 25% 收入水平的家庭。在样本家庭中，不同收入水平的家庭文化消费表现出明显差异：人均纯收入处于最低 25% 水平的家庭人均文娱支出均值仅 8.84 元，占家庭总支出比均值 0.10%，且高达 87.34% 的家庭文娱支出为 0；而最高 25% 水平的家庭人均文娱支出均值为 184.15 元，占家庭总支出比均值的 0.45%，48.77% 的家庭文娱支出为 0（见表 8-6）。那么，政府公共文化支出对不同收入水平家庭文化消费的影响是否也存在异质性？

表 8-6　不同收入水平的家庭文化消费

家庭人均纯收入	最低 25%	中低 25%	中高 25%	最高 25%
家庭人均文娱支出均值（元）	8.84	20.02	43.33	184.15
家庭文娱支出占家庭总支出比（%）	0.10	0.15	0.22	0.45
文娱支出为 0 的家庭比例（%）	87.34	79.75	69.08	48.77

资料来源：笔者根据样本家庭数据计算得到。

表 8-7 报告了不同收入水平家庭的 Tobit 估计结果。需要说明的是，在不同收入水平家庭的分样本回归中，人均收入水平的平方项对数值与人均收入水平对数值存在高度共线性，因此在实际回归中仅加入家庭人均收入这一变量。可以看出，政府公共文化支出的边际效应系数仅在中低 25% 家庭的分样本回归中显著为正，表明政府公共文化支出的增加能够有效提高中低收入水平的家庭文娱支出占比，但对低收入和中高收入家庭的影响不显著。文娱支出属于娱乐性消费，更注重满足精神层面的需求，低收入家庭由于收入水平的限制，家庭消费主要还是停留在物质层面，因此政府公共文化支出的增加对这部分家庭的文娱支出影响微弱。对于中高收入家庭，收入水平已不是制约家庭文化消费的主要原因，这些家庭在满足物质消费的基础上逐渐自发性地转向能够获得更高层次精神充实的文化消费上，受政府公共文化支出增加的外在刺激较小。

表 8-7　不同收入水平家庭的文化消费异质性

变量	最低 25%		中低 25%		中高 25%		最高 25%	
	culture1	culture2	culture1	culture2	culture1	culture2	culture1	culture2
政府公共文化支出 govl	16.966 (14.969)	1.570 (2.572)	10.833** (4.561)	7.636*** (2.509)	3.510 (3.417)	-1.137 (2.583)	2.337 (3.574)	2.229 (3.324)
家庭人均收入 ln income	-0.452*** (0.044)	0.001 (0.008)	-0.157*** (0.061)	0.008 (0.033)	-0.115* (0.062)	0.039 (0.047)	-0.115*** (0.025)	0.032 (0.023)
家庭人均金融资产 ln asset	0.041*** (0.010)	0.006*** (0.002)	0.009*** (0.003)	0.006*** (0.002)	0.009*** (0.002)	0.009*** (0.002)	-0.003 (0.003)	0.004 (0.003)
家庭平均教育程度 edu	0.153*** (0.054)	0.015 (0.009)	0.122*** (0.017)	0.038*** (0.009)	0.118*** (0.012)	0.079*** (0.009)	0.160*** (0.012)	0.153*** (0.011)
家庭成员数 size	-0.014 (0.022)	0.005 (0.004)	-0.021*** (0.007)	0.003 (0.004)	-0.028*** (0.007)	-0.005 (0.005)	-0.082*** (0.010)	-0.056*** (0.009)
家庭少儿人口比 young	0.549** (0.248)	0.128*** (0.048)	0.480*** (0.081)	0.291*** (0.044)	0.523*** (0.071)	0.422*** (0.054)	0.383*** (0.103)	0.438*** (0.096)

续表

变量	最低 25%		中低 25%		中高 25%		最高 25%	
	culture1	culture2	culture1	culture2	culture1	culture2	culture1	culture2
家庭老年人口比 old	−0.096 (0.128)	−0.007 (0.020)	−0.072 (0.057)	−0.018 (0.031)	0.000 (0.044)	0.003 (0.033)	−0.153*** (0.045)	−0.156*** (0.042)
刚性消费 consu	−0.634*** (0.180)	−0.069*** (0.031)	−0.180*** (0.060)	−0.046 (0.033)	−0.249*** (0.050)	−0.062* (0.038)	−0.421*** (0.063)	−0.140** (0.059)
家庭户籍性质 urban	0.129 (0.084)	0.014 (0.014)	0.117*** (0.027)	0.053*** (0.015)	0.161*** (0.022)	0.100*** (0.016)	0.137*** (0.031)	0.097*** (0.029)
文化固定投资 invest	1.918 (2.485)	0.341 (0.427)	0.598 (0.811)	0.506 (0.446)	−0.124 (0.660)	0.275 (0.499)	0.059 (0.937)	−0.169 (0.871)
人均博物馆馆藏量 museum	9.772** (3.944)	3.157*** (0.678)	2.422* (1.236)	1.413** (0.680)	1.544* (0.920)	1.466** (0.696)	2.294** (1.140)	1.879* (1.060)
人均公共图书馆藏书量 libra	0.169 (0.252)	0.070 (0.043)	0.375*** (0.074)	0.109*** (0.041)	0.139*** (0.050)	0.073* (0.038)	0.100* (0.053)	0.095* (0.049)
群众文化机构文艺活动 show	−0.048 (0.041)	−0.023*** (0.007)	−0.037*** (0.010)	−0.015*** (0.006)	−0.016*** (0.006)	−0.009* (0.005)	−0.014*** (0.005)	−0.014*** (0.005)
年份固定效应	是	是	是	是	是	是	是	是
地区固定效应	是	是	是	是	是	是	是	是
观测值	5998	5998	5845	5845	6070	6070	6522	6522
Pseudo R^2	0.134	0.151	0.147	0.152	0.165	0.166	0.174	0.167

注：括号中数值为稳健标准误；*、**、*** 分别表示在10%、5%、1%水平上显著。

值得注意的是，在控制变量中，家庭户籍性质的系数在收入水平最低25%家庭的分样本回归中变得不显著，表明对于低收入家庭，收入水平仍是影响文化消费的重要因素，而不论是城镇家庭还是农村家庭；而当收入达到一定水平时，户籍性质及其背后体现的不同消费观念才变成制约文化消费的因素。

本章小结

本章基于中国家庭追踪调查（CFPS）2014年和2016年家庭经济数据，利用Tobit模型实证分析了政府公共文化支出对家庭文化消费的影响，并探讨这一影响在城镇和农村家庭、不同收入水平家庭中表现出的异质性。本章研究的主要结论包括以下两个方面：

第一，政府公共文化支出增加有助于刺激家庭文化消费支出。在基准回归中，政府公共文化支出的边际效应系数均显著为正，即政府公共文化支出增加有助于提高家庭文娱支出占家庭收入比及占家庭总支出比。将"文化娱乐支出"换为"文教娱乐支出"，或将因变量衡量指标换为"家庭文娱支出占家庭消费性支出比""家庭人均文娱支出"之后，核心结论仍然成立。表明随着地方政府在文化事业方面的财政性经费逐年增长，家庭文化消费支出比明显提高。

第二，政府公共文化支出对文化消费的挤入效应局限于城镇家庭。对于城镇家庭，政府公共文化支出的估计系数显著为正；对于农村家庭，政府公共文化支出的估计系数表现出弱的正向影响，表明政府公共文化支出的增加明显提高城镇家庭文化消费支出比，但对农村家庭文化消费的刺激作用微弱。此外，政府公共文化支出的增加能够有效提高中低收入水平的家庭文娱支出占比，但对低收入和中高收入家庭的影响不显著。对于低收入家庭，收入水平仍是影响其文化消费的主要因素。

本书细致深入地探讨了政府在促进文化消费中的重要作用，对于完善公共文化服务体系、提高文化消费，进而促进对外文化贸易"双循环"良性发展具有重要启示。主要应采取以下三项措施：一是政府应继续扩大文化财政支出规模，提高公共财政对文化事业的支持力度，通过政策性举措为居民提供更多的文化产品和服务，激发潜在的文化需求；同时加强营造社会文化环境，引导居民培养文化消费意识和意愿，进而提高文化消费支出。二是优化公共文化财政支出结构，合理配置公共文化服务资源，尤其是在提高城镇文化消费的同时，重点扶持农村文化娱乐消费，大力发展农村群众性文化娱乐活动，实现城乡公共文化服务和文化消费的均衡发展。三是对于中高收入的城镇家庭，收入和消费意愿已不是制约文化消费的主要因素。因此，应加强文化服务供给，充分利用"互联网+""VR+"等新技术挖掘文化资源，为居民提供多样化、个性化和富有创意的优质文化产品。

第九章

"一带一路"背景下推进中国对外文化贸易高质量发展的对策和建议

"一带一路"倡议为中国对外文化贸易发展带来新的重要机遇。与此同时，后疫情时代中国对外文化贸易发展面临新的风险挑战。为激活文化贸易创新发展新动能，2022 年 7 月 18 日，商务部等 27 个部门联合印发《关于推进对外文化贸易高质量发展的意见》（以下简称《意见》），围绕深化文化领域改革、培育文化贸易竞争新优势、激活创新发展新动能、激发市场主体发展活力、拓展合作渠道网络等方面，提出了积极探索高水平开放路径、大力发展数字文化贸易、提升文化贸易数字化水平、培育壮大市场主体等 28 项具体任务举措。本章结合前文对中国对外文化贸易发展特征和存在的主要问题、中国与"一带一路"沿线国家间文化贸易发展竞争互补关系、中国文化产业全球价值链地位与国际竞争力，以及影响中国对外文化贸易高质量发展的关键领域和重要因素等内容的探讨和分析，结合《意见》中强调的 28 项具体任务举措，提出"一带一路"背景下推进中国对外文化产品贸易高质量发展的对策建议。

第一节 推进"一带一路"文化产业合作发展

"一带一路"倡议为中国对外文化贸易高质量发展提供了新的市场平台、资源平台和合作平台，是中国对外文化贸易发展走向世界文化市场舞台中央的重要机遇。自"一带一路"倡议提出以来，中国与"一带一路"沿线国家积极开展文化交流与合作，先后与 160 多个国家签署文化合作协定，举办中国—中东欧、中国—东盟、中国—欧盟等十余个文化年、旅游年，成功打造"欢乐春节""丝路之旅""天路之旅""阿拉伯艺术节"等中国国际文化和旅游品牌，在民心相通方面取得显著成效。

文化产业高质量发展是文化对外贸易高质量发展的重要抓手。因此，在加强与"一带一路"沿线国家文化交流合作的基础上，进一步推进"一带一路"文化产业合作发展，进而促进双边文化产品和服务贸易的发展。

一、降低文化折扣，统筹国内、国际两个市场

文化产品是特定文化价值的载体。文化背景、历史传统、语言、宗教信仰、生活习俗等不同导致各受众群体的文化认知差异，因此，国外文化消费者在接受外来文化产品时，其兴趣、认同度、理解度等均会大打折扣，文化产品的价值会大大降低，即存在"文化折扣"。因此，在发展对外文化贸易过程中，必须考虑其中的文化差异因素。

文化折扣是文化产品区别于其他商品的主要特性，不同的语言、文化背景、历史传统等都可能导致文化折扣的产生。文化折扣问题是当前中国对外文化贸易发展存在的主要原因之一，也是阻碍中国对外文化贸易高质量发展的关键因素。降低文化折扣是推进"一带一路"文化产业合作发展的必然要求。中国与"一带一路"沿线国家在语言、宗教信仰、文化背景、历史传统、生活习俗等方方面面存在广泛且深刻的差异。中国与"一带一路"沿线国家之间已开展丰富多样的民心相通项目，但文化折扣在短期内无法完全消除。

因此，在"一带一路"文化产业合作发展过程中，一方面，应生产和发展文化折扣相对较低的文化产品类型。例如，相对于精英文化，大众文化的文化折扣较少。大众文化的传播有利于让外国的文化消费者了解中国的民族、国家、社会生活和风土人情，产生文化上的亲近感。又如，动作片、杂技、武术表演、中国舞蹈等动作类文化产品，是文化折扣最少的类型，可以作为"走出去"的主打产品。另一方面，加强本土化与国际化相结合。民族化、个性化，是一国文化永葆生命力的根本所在。但由于文化折扣的存在，国外文化消费者并不能完全理解、接受并喜爱本土文化产品。只有坚持本土化与国际化相结合的方式，才能吸引国外文化消费者。因此，在推进"一带一路"文化产业合作过程中，需要以本土文化元素为基础，抽象出普适的、共通的元素，融化吸收国际化的诸多元素，以"中国故事，国际表达"的文化样式，生产出国外文化消费受众喜闻乐见的文化产品类型及传播方式。

此外，优先发展文化亲缘性市场。在推进"一带一路"文化产业合作发展过程中，可以优先选取与中国文化相似性更大的沿线国家。例如，新加坡等以汉语为官方语言的国家和地区，华人移民占比较高的国家和地区，优先开展与文化亲缘性沿线国家的文化产业合作，通过文化产品的互动消费增强文化了解和文化互信，并逐渐扩大到文化差异较大的市场。

二、明确国别差异，分类制定发展策略

"一带一路"沿线国家不仅在语言、宗教信仰、文化背景、历史传统、生活习俗等方方面面存在广泛且深刻的差异，不同国家和地区的经济发展水平、文化产业基础、人口社会因素、文化资源禀赋等因素也不平衡。在推进中国与"一带一路"沿线国家文化产业合作发展的过程中，一方面，应构建国别文化折扣评估体系。通过收集、甄别、反馈沿线各国价值理念、语言文化、宗教信仰、历史关联等量化评估国别市场的文化折扣度。根据评估结果，对目标市场进行分类，针对不同文化折扣市场分类制定和优化中国对外文化产品"走出去"的发展策略。另一方面，根据经济发展水平、文化产业基础、文化资源禀赋等因素对"一带一路"沿线国家和地区或业态进行分类，针对不同类别国家或业态制定差异化、个性化的文化产业合作发展模式。例如，针对文化产业基础薄弱的国家和地区，优先合作发展报纸期刊、影视作品、音像制品、博物馆联合展览等传统的、大众化的文化领域；针对文化产业基础较好、类别体系较齐全的国家和地区，合作发展文化创意、数字出版、动漫游戏等新兴的文化业态。又如，针对文化遗址这一特殊的文化资源，可以加强病害与保护的联合研究、建立开发和保护信息共享平台、建立联合开发机制等；针对文化资源禀赋丰富的国家和地区，可以通过构建畅通的文化贸易渠道、推广文化旅游、加强文化固定资产投资等形式推动文化产业合作发展。

三、构建民间文化交流网络，加强文化认同

民心相通是"一带一路"建设国际合作的重要内容。但现阶段的民心相通建设多数由各国政府主导，例如，由外交部、中国文化和旅游部牵头签署的文化合作协定，由国家广电总局牵头打造的"欢乐春节"文化节目。但中国对外文化产品"走出去"的受众是国外的文化消费者，取决于国外老百姓对中国文化产品的理解、接受和喜爱程度。因此，要在政府合作的基础上，从民间的角度，在共

商、共建、共享、共赢的原则下，在沿线国家和地区间建立开放包容的民间组织交流合作平台，加强民间组织的文化交流，让社会各阶层、各群体都参与到民心相通的建设中，营造多元化、多层次、多样式的人文交流态势，例如，鼓励民间组织构建新闻合作联盟、音乐联盟、影视作品联盟或自媒体交流联盟等形式的合作网络和合作平台，以加深老百姓之间的相互了解和相互信任，让普通民族真正从"一带一路"文化产业合作发展中获益。

第二节　优化文化贸易结构

根据联合国商品贸易数据库的统计，中国对外文化贸易产品在全球文化贸易市场上已占据重要地位，但其出口产品的结构明显失衡，视觉艺术和手工艺品占中国对外文化产品贸易总额的比重长期保持在 60% 以上。这类文化产品属于劳动密集型产品，主要集中于文化制造业领域，附加值较低、可复制性较强、文化内涵有限，难以激发国外文化消费者的价值共识，无法充分发挥文化产品的传播力。因此，优化对外文化贸易结构是推进中国对外文化贸易高质量发展的重要方面。

一、增加高附加值文化产品的供给

中国对外文化贸易应立足于"一带一路"沿线国家文化产品和服务的供需变化，在保持视觉艺术和手工艺品等产品原有出口优势的同时，不断提高优质出版物和广播影视作品的供给，增加文化贸易核心层中高附加值、高文化内涵的文化产品的比重。此外，中国对外文化服务贸易长期处于逆差地位，国际竞争力不强；《意见》也强调促进文化创意和服务设计出口。因此，应加大文化创意产品开发力度，提高文化创意产品以及文化艺术服务、会展服务、文化休闲娱乐服务等文化服务行业的出口占比，推动文化服务在"一带一路"沿线国家和地区的全面发展。

二、推动文化与科技的深度融合

《意见》强调指出要提升文化贸易数字化水平。因此，应积极开展文化和科技的融合发展，利用"互联网＋"的模式将传统文化元素和文化产品进行再改造，为传统文化产品发展注入新理念，以新媒体、新业态展现出新形式。如发展新媒体时代的报纸期刊作品；将影院放映、电影特效、舞台演艺、智能印刷等高端文化装备技术用于传统文化产业制作开发中。此外，借助科技创新，增加对传统文化元素的研发，运用大数据、5G、云计算、人工智能、区块链、超高清等新技术，把中华优秀传统文化元素和文化创意真正落地，为国外文化消费者提供具有艺术性、审美性的文化创意产品。

三、大力发展数字文化贸易

数字经济是中国经济高质量发展的新引擎。2012~2021 年，中国数字经济规模从 11 万亿元增长到 45 万亿元以上，数字经济占国内生产总值的比重由 21.6%提高到 39.8%，成为中国经济发展的新动力。大力发展数字文化贸易自然成为优化文化贸易结构、推进中国对外文化产品贸易高质量发展的重要方面。

因此，应推动数字赋能优秀文化资源、文娱模式的开发，加强数字文化内容的建设，加快发展数字艺术、云展览、沉浸式体验等文化产业新业态，积极培育网络文学、网络视听、网络音乐、网络表演、网络游戏、数字电影、数字动漫、数字出版、线上演播、电子竞技等领域的出口竞争优势。

第三节 打造中国特色的文化品牌

文化产品兼具普通商品和意识形态的双重属性。文化产品是一国特有文化的重要载体，文化产品出口则是一国对外文化传播的重要途径。因此，中国对外文化产品贸易不仅是销售商品，更需要立足中华民族优秀传统文化，展现当代中国形象，不断提升国家文化软实力和中华文化影响力。

当前中国对外文化产品贸易发展存在重产品出口、轻价值宣传的问题，缺少具有中国特色的文化品牌。中华传统文化植根于中国五千年的历史文明，文化元素数量多、种类全，文化形态丰富多样，文化内涵博大精深，是中国对外文化贸易高质量发展的根本动力。中华传统文化中既有以京剧、皮影、功夫、中医药等为代表的传统的非物质文化遗产，也有以故宫、长城、敦煌石窟等为代表的物质文化遗产，还有以仁、义、礼、和为精髓的文化传统，对"一带一路"沿线国家和地区具有强大的吸引力（方伟洁，2018）。

2022 年 7 月 18 日，商务部等 27 部门联合发布的《关于推进对外文化贸易高质量发展的意见》强调指出，要推动中华特色文化"走出去"。加强传统文化典籍、文物资源、非物质文化遗产的数字化、网络化转化开发，面向海外用户开发一批数字文化精品。大力促进中国餐饮、中医药、中国园林、传统服饰和以中国武术、围棋为代表的传统体育等特色文化出口。因此，推动中国对外文化贸易高质量发展，应坚守中华文化立场，立足中华优秀文化传统，一方面，在对外文化贸易中构建中国叙事体系，讲好中国故事，传播中华文化理念，增强"一带一路"沿线不同民族、不同国家、不同文化背景和宗教信仰的群体对来自中国的文化产品的理解、接纳和喜爱程度。另一方面，深入挖掘和提炼展示中华文明的精神标识和文化精髓，通过文化创意、科技创新打造具有中国特色的文化产品和文化品牌。文化品牌是创意和创新的集中体现，应坚持"内容为王"，深入研究"一带一路"沿线国家和地区的文化消费心理和市场营销特点，大力实施文化精品战略，提升文化产品的文化内涵和品牌价值，加强文化企业品牌建设，在重点文化领域培育一批具有中国特色、面向国际市场的文化品牌，增强具有中国特色的文化品牌在国际文化市场上的辐射力和影响力，推动中华文化更好走向世界。

第四节 加强知识产权保护
提升文化产业全球价值链地位

知识产权保护对中国对外贸易高质量发展至关重要。文化产品的核心价值是创意，一个新的创意在出现和被开发利用前往往需要投入大量的脑力、人力甚至资金成本。而在信息技术时代，文化产品的创意越来越容易被复制、被模仿，被复制、被模仿的成本也越来越低。因此，文化产品贸易高质量离不开知识产权的保护。前文研究也表明知识产权保护对文化产业全球价值链的升级及国际竞争力具有显著的积极作用。因此，在推进中国对外文化产品贸易高质量发展过程中，有必要加强知识产权保护与开放利用，保障创意主体持续的创新原动力，促进中国文化产业向全球文化产业链、价值链高端跃升。

当前，中国已先后颁布了《中华人民共和国商标法》《中华人民共和国专利法》《中华人民共和国著作权法》，初步形成了中国知识产权保护制度。在此基础上，一方面，政府部门应不断完善知识产权立法的顶层设计，针对数字出版、动漫游戏等新兴文化业态可能出现的知识产权纠纷加强引导和规范，及时、合理、全面地保障文化创作人的合法权益，确保文化创作人无后顾之忧地进行文化创造。同时，避免文化企业卷入无休止的知识产权纷争中，影响文化企业研发和投资进度，拖累文化企业高效发展。此外，加大对侵权盗版行为的执法监管和打击力度，提高侵权盗版行为的成本。另一方面，由于知识产权保护具有一定的垄断性，过度保护可能阻碍文化产品的传播和供给，也可能引发被保护创作者的道德风险，因此在加强知识产权保护的同时，既要防止知识产权保护的滥用和文化产业领域的垄断行为、不正当竞争行为，又要提高对知识产权的开发和利用。通过灵活运用知识产权保护与管理，不断推进中国对外文化产品贸易高质量发展，推进中国文化产业向全球文化产业链、价值链高端跃升。

第五节　提高文化企业生产率和国际竞争力

文化企业是文化产业和对外文化贸易发展的微观基础和重要主体。文化企业的创新能力、生产效率和国际竞争力是影响中国对外文化产品贸易高质量发展的关键因素。《意见》专门就激发市场主体发展活力提出了培育壮大市场主体、加强国际化品牌建设、发挥平台载体赋能作用和扩大文化领域对外投资的具体举措要求。

本章中关于"中国文化企业生产率测度及影响因素"的分析表明，中国文化服务业企业的生产率总体偏低，仍处于初级发展阶段，且存在明显的省际异质性。其中，文化投资效率的提高、产业结构的优化、文化消费的增加等均有助于提高文化服务业企业的生产率。因此，一方面，文化企业应立足中华优秀传统文化元素，加大对文化内容的研发和创意，借助新技术、新媒体、新业态、新模式、新渠道提升文化企业出口的国际竞争力。另一方面，合理拓宽文化企业的融资渠道。《意见》强调，积极支持符合条件的文化贸易企业上市融资。应鼓励区域性多层次资本市场对文创产业进行投资，既大力推动文创产业风险投资基金和私募股权基金发展，同时完善民间资本对文创产业的投资制度，提高文化企业投资效率，进而促进文化企业的文化创新和生产率提高。

第六节　促进国内文化消费

一般而言，一种新产品在刚问世时最先面对的是本国消费者，只有少数产品在被本国消费者熟知、评估、反馈的过程中逐渐成熟并最终征服本国消费者。这些少数产品也成为能够"走出去"的精品。例如，泡泡玛特是成立于 2010 年的潮流文化娱乐品牌，其文化潮玩产品经过 10 余年的发展，在被国内消费者广泛认可的基础上，才逐渐在英国、新西兰、美国开设门店，真正走向国际市场。因此激发国内文化消费也是"一带一路"背景下推进中国对外文化产品贸易高质量发展的重要一环。

2020 年 4 月中央财经委员会第七次会议首次提出"构建国内国际双循环相

互促进的新发展格局"。"双循环新发展格局"要求以国内大循环为主体，国内国际双循环相互促进。推进中国对外文化贸易高质量发展应立足国内文化经济，实现国内国际文化经济的相互促进和良性循环。其中，促进国内文化消费是重要方面。2022 年文化和旅游部印发的《"十四五"文化产业发展规划》也强调指出要释放文化消费潜力、改善文化消费环境。应采取以下三项措施：一是应完善现有文化消费基础设施，推进文化消费网点建设，增加特色书店、剧场、博物馆、美术馆、文创商店、文化步行街等文娱场所，推广使用线上预约、云排队等消费新形式，提高文化消费便捷程度。二是加大对农村地区的文化产品供给，促进农村地区的文化消费。本章中关于"政府财政支出对文化消费影响"的分析显示，中国城乡地区之间的文化消费存在明显差距。导致这一差距的主要原因是农村地区的文化产品供给偏少。随着中国经济发展水平和人民生活水平的提高，农村老百姓在满足基本物质生活的同时，对美好生活需要的愿望也越来越强烈。但相比城市地区，农村大部分地区几乎没有图书馆，没有电影院，更没有博物馆、剧场、少年宫等基本的文化场所设施，没有基础的文化场所设施，更谈不上基本的文化产品供给。因此，加大农村地区的文化产品供给，能够有效促进国内文化消费。三是本章中关于"政府财政文化支出对文化消费影响"的实证结果表明，政府公共文化支出对促进国内文化消费具有显著的积极影响。尤其是在新冠肺炎疫情背景下，更应通过加大政府财政文化支出促进国内文化消费。应建立健全政府对文化消费的支持体系，各级各地政府通过发放文旅消费券、文娱场所免费开放、票价打折、票价满减等文化惠民活动激发国内文化消费。

"一带一路"建设为中国对外文化产品贸易高质量发展带来新的重要机遇。应重视对外文化贸易高质量发展对推动中华优秀文化"走出去"和提升中华文化影响力的重要意义，通过加强与"一带一路"沿线国家文化交流和文化产业合作发展，优化文化贸易结构，加强知识产权保护，提升文化产业全球价值链，增强文化企业生产率和国际竞争力，促进国内文化消费等推进中国对外文化贸易高质量发展，建设中华民族文化强国。

附 录

附表 1 文化及相关产业分类表（2018 年版）

大类	中类	小类	类别名称	说明	行业分类代码
01			文化核心领域	本领域包括 01-06 大类	
	011		新闻信息服务		
			新闻业		
		0110		包括新闻采访、编辑、发布和其他新闻服务	8610
	012		报纸信息服务		
		0120	报纸出版	包括党报出版，综合新闻类报纸出版和其他报纸出版服务	8622
	013		广播电视信息服务		
		0131	广播	指广播节目的现场制作，播放及其他相关活动，还包括互联网广播	8710
		0132	电视	指有线和无线电视节目的现场制作，播放及其他相关活动，还包括互联网电视	8720
		0133	广播电视集成播控	指 IP 电视、手机电视、互联网电视等专网及定向传播视听节目服务的集成播控，还包括普通广播电视节目集成播控	8740
	014		互联网信息服务		
		0141	互联网搜索服务	指互联网中的特殊站点，专门用来帮助人们查找储存在其他站点上的信息	6421
		0142	互联网其他信息服务	包括网上新闻、网上软件下载、网上音乐、网上视频、网上图片、网上动漫、网上文学、网上电子邮件、网上新媒体、网上信息发布、网站导航和其他互联网信息服务	6429
02	021		内容创作生产		
			出版服务		
		0211	图书出版	包括书籍出版、课本类出版和其他图书出版服务	8621
		0212	期刊出版	包括综合类杂志出版，经济、哲学、社会科学类杂志出版、自然科学、技术类杂志出版，教育类杂志出版，少儿读物类杂志出版和其他杂志出版服务	8623
		0213	音像制品出版	包括录音制品出版和录像制品出版服务	8624

续表

代码			类别名称	说明	行业分类代码
大类	中类	小类			
02	021	0214	电子出版物出版	包括马列主义毛泽东思想、哲学等分类电子出版物，综合类电子出版物和其他电子出版物出版服务	8625
		0215	数字出版	指利用数字技术进行内容编辑加工，并通过网络传播数字内容产品的出版服务	8626
		0216	其他出版业	指其他出版服务	8629
	022		广播影视节目制作		
		0221	影视节目制作	指电影、电视录像（含以磁带、光盘为载体）节目的制作活动，该节目可以作为电视、电影上映、放映，也可以作为出版、销售的原版录像带（或光盘），还包括影视节目的后期制作，但不包括电视台节目的制作活动	8730
		0222	录音制作	指从事录音节目、音乐作品的制作活动，其节目可以在广播电台播放，也可以制作成出版、销售的原版录音带（磁带或光盘），还可以在其他宣传场合播放，但不包括广播电台制作节目的活动	8770
	023		创作表演服务		
		0231	文艺创作与表演	指文学、美术创作和表演艺术（如戏曲、歌舞、话剧、音乐、杂技、马戏、木偶等表演艺术）等活动	8810
		0232	群众文体活动	指对各种主要由城乡群众参与的文艺类演出、比赛、展览等公益性文化活动的管理活动	8870
		0233	其他文化艺术业	包括网络（手机）文化服务、史料、史态编辑服务和其他未列明文化艺术服务、街头报刊橱窗管理服务，艺（美）术品、收藏品鉴定和评估服务	8890
	024		数字内容服务		
		0241	动漫、游戏数字内容服务	指将动漫和游戏中的图片、文字、视频、音频等信息内容运用数字化技术进行加工、处理、制作并整合应用的服务，使其通过互联网传播，在计算机、手机、电视等终端播放，在线上保存	6572
		0242	互联网游戏服务	指以互联网为传播媒介，以游戏运营商服务器和用户计算机为处理终端，以游戏客户端软件为信息交互窗口，旨在实现娱乐、休闲、交流和取得虚拟成就的具有可持续性的个体性多人在线游戏。包括互联网电子竞技游戏在线游戏服务	6422

续表

代码			类别名称	说明	行业分类代码
大类	中类	小类			
02	024	0243	多媒体、游戏动漫和数字出版软件开发	仅指通用应用软件中的多媒体软件、游戏动漫软件、数字出版软件开发。该小类包含在应用软件开发行业小类中	6513*
		0244	增值电信文化服务	仅指固定网增值电信、移动网增值电信、其他增值电信中的文化服务。该小类包含在其他电信服务行业小类中	6319*
		0245	其他文化数字内容服务	仅指文化宣传领域数字内容服务。该小类包含在其他数字内容服务行业小类中	6579*
	025		内容保存服务		
		0251	图书馆	包括公共图书馆、高等院校图书馆、专业图书馆和其他图书馆管理服务	8831
		0252	档案馆	包括综合档案馆、专门档案馆、部门档案馆、企业档案馆、事业单位档案馆和其他档案馆管理服务	8832
		0253	文物及非物质文化遗产保护	指对具有历史、文化、艺术、科学价值，并经有关部门鉴定，列入文物保护范围的不可移动文物的保护和管理活动；对我国口头传统和表现形式、传统表演艺术、社会实践、意识、节庆活动、有关自然界和宇宙的知识和实践，传统手工艺等非物质文化遗产的保护和管理活动	8840
		0254	博物馆	指收藏、研究、展示文物和标本的博物馆的活动，以及展示人类文化、艺术、科技、文明的美术馆、艺术馆、展览馆、科技馆、天文馆等管理活动	8850
		0255	烈士陵园、纪念馆	包括烈士陵园和烈士纪念馆管理服务	8860
	026		工艺美术品制造		
		0261	雕塑工艺品制造	指以玉石、宝石、象牙、角、骨、贝壳等硬质材料，木、竹、椰壳、树根、软木等天然植物，以及石膏、泥、面、塑料等为原料，经雕刻、琢、磨、捏塑等艺术加工而制成的各种供欣赏和实用的工艺品的制作活动	2431
		0262	金属工艺品制造	指以金、银、铜、铁、锡等各种金属为原料，经过制胎、浇铸、锻打、鉴刻、镶嵌、点兰、烧制、打磨、电镀等各种工艺加工而成的造型美观、花纹图案精致的工艺美术品的制作活动	2432
		0263	漆器工艺品制造	指将半生漆、腰果漆加工调配成各种鲜艳的漆料，以木、纸、塑料、铜、布等作胎，采用推光、雕填、彩绘、镶嵌、刻灰等传统工艺和现代漆器工艺进行的工艺制品的制作活动	2433

续表

代码 大类	中类	小类	类别名称	说明	行业分类代码
02		0264	花画工艺品制造	指以绢、丝、绒、纸、涤纶、塑料、羽毛、通草以及鲜花草等为原料，经造型设计、模压、剪贴、干燥等工艺精制而成的花、果、叶等人造花类工艺品，以画面出现、可以挂或摆的具有欣赏性、装饰性的画类工艺品的制作活动	2434
		0265	天然植物纤维编织工艺品制造	指以竹、藤、棕、草、柳、葵、麻等天然植物纤维为材料，经编织或镶织而成具有造型艺术或图案花纹，以欣赏为主的工艺陈列品以及工艺实用品的制作活动	2435
		0266	抽纱刺绣工艺品制造	指以棉、麻、丝、毛及人造纺织品等为主要原料，经设计、刺绣、抽、拉、钩等工艺加工各种生活装饰用品，以及以纺织品为主要原料，经特殊手工工艺或民间工艺方法加工而成的成各种具有较强装饰效果的生活用纺织品的制作活动	2436
		0267	地毯、挂毯制造	指以羊毛、丝、棉、麻及人造纤维等为原料，经手工编织、机织、栽绒等方式加工而成的各种具有装饰性的地面覆盖物或可用于悬挂、垫坐等用途的生活装饰用品的制作活动	2437
		0268	珠宝首饰及有关物品制造	指以金、银、铂等贵金属及其合金以及钻石、宝石、玉石、翡翠、珍珠等为原料，经金属加工和连接组合、镶嵌等工艺加工各种图案的装饰品的制作活动	2438
		0269	其他工艺美术及礼仪用品制造	指其他工艺美术品的制造活动	2439
	027		艺术陶瓷制造		
		0271	陈设艺术陶瓷制造	指以黏土、瓷石、瓷土、长石、石英等为原料，经制胎、施釉、装饰、烧制等工艺制成、主要供欣赏的陶瓷工艺美术品制造	3075
		0272	园艺陶瓷制造	指专门为园林、公园、室外景观的摆设或具有一定功能的大型陶瓷制造	3076
03			创意设计服务		
	031		广告服务		
		0311	互联网广告服务	指提供互联网广告设计、制作、发布及其他互联网广告服务。包括网络电视、网络手机等各种互联网终端的广告服务	7251
		0312	其他广告服务	指除互联网广告以外的广告服务	7259

续表

代码			类别名称	说明	行业分类代码
大类	中类	小类			
03			创意设计服务		
	032				
		0321	建筑设计服务	仅包括房屋建筑工程、体育、休闲娱乐工程，室内装饰和风景园林工程专项设计服务。该小类包含在工程设计活动行业小类中	7484*
		0322	工业设计服务	指独立于生产企业的工业产品和生产工艺设计，产品设计管理等活动	7491
		0323	专业设计服务	包括时装、包装装潢、多媒体、美术图案、动漫及衍生产品、饰物装饰、展台、模型和其他专业设计服务	7492
04			文化传播渠道		
	041		出版物发行		
		0411	图书批发	包括书籍、课本和其他图书的批发和进出口	5143
		0412	报刊批发	包括报纸、杂志的批发和进出口	5144
		0413	音像制品、电子和数字出版物批发	包括音像制品及电子出版物的批发和进出口	5145
		0414	图书、报刊零售	包括图书零售服务、报纸、杂志专门零售服务、图书、报刊固定摊点零售服务	5243
		0415	音像制品、电子和数字出版物零售	包括音像制品专门零售店、电子出版物固定摊点零售服务	5244
		0416	图书出租	指各种图书出租服务，不包括图书馆的租书业务	7124
		0417	音像制品出租	指各种音像制品出租服务，不包括以销售音像制品为主的出租音像活动	7125
	042		广播电视节目传输服务		
		0421	有线广播电视传输服务	指有线广播电视网和信号的传输服务	6321
		0422	无线广播电视传输服务	指无线广播电视信号的传输服务	6322
		0423	广播电视卫星传输服务	包括卫星广播电视信号的传输、覆盖与接收服务、卫星广播电视传输、接收系统的设计、安装、测试、调试、监测等服务	6331

续表

代码			类别名称	说明	行业分类代码
大类	中类	小类			
04	043		广播影视发行放映		
		0431	电影和广播电视节目发行	包括电影发行和进出口交易，非电视台制作的电视节目发行和进出口服务	8750
		0432	电影放映	指专业电影院以及设在娱乐场所（或相对独立）的电影放映等活动	8760
	044		艺术表演		
		0440	艺术表演场馆	指有观众席、舞台、灯光设备，专供文艺团体演出的场所管理活动	8820
	045		互联网文化娱乐平台		
		0450	互联网文化娱乐平台	仅包括互联网演出购票平台、娱乐应用服务平台、音视频服务平台、读书平台、艺术品鉴定拍卖平台和网络文化艺术平台。该小类包含在互联网生活服务平台行业小类中	6432*
	046		艺术品拍卖及代理		
		0461	艺术品、收藏品拍卖	指艺术品、收藏品拍卖活动。包括艺（美）术品拍卖活动，文物拍卖服务，古董和字画拍卖服务	5183
		0462	艺术品代理	指艺术品代理活动。包括字画代理、古玩收藏品代理，画廊艺术经纪代理和其他艺术品代理	5184
	047		工艺美术品销售		
		0471	首饰、工艺品及收藏品批发	指首饰、工艺品及收藏品的批发活动	5146
		0472	珠宝首饰零售	指珠宝首饰的零售活动	5245
		0473	工艺美术品及收藏品零售	指专门经营具有收藏价值和艺术价值的工艺品、艺术品、古玩、字画、邮品等的店铺零售活动	5246
05			文化投资运营		
	051		投资与资产管理		
		0510	文化投资与资产管理	仅指政府主管部门转变职能后，成立的国有文化资产管理机构和文化行业管理机构的活动；文化投资活动，不包括资本市场的投资。该小类包含在投资与资产管理行业小类中	7212*

续表

代码			类别名称	说明	行业分类代码
大类	中类	小类			
			运营管理		
05	052	0521	文化企业总部管理	仅指文化企业总部活动，其对外经营业务由下属的独立核算单位或单独核算单位承担，还包括派出机构的活动（如办事处等）。	7211*
		0522	文化产业园区管理	仅指非行政部门的文化产业园区管理服务。该小类包含在企业总部管理服务行业小类中	7221*
			文化娱乐休闲服务		
			娱乐服务		
	061	0611	歌舞厅娱乐活动	指各种歌舞厅娱乐活动	9011
		0612	电子游艺厅娱乐活动	指各种电子游艺厅娱乐乐服务	9012
		0613	网吧活动	指通过计算机等装置向公众提供互联网上网服务的网吧，电脑休闲等营业性场所的服务	9013
		0614	其他室内娱乐活动	包括儿童室内游戏娱乐服务、室内手工制作娱乐服务和其他室内娱乐服务	9019
		0615	游乐园	指配有大型娱乐设施的室外娱乐活动及以娱乐为主的活动	9020
		0616	其他娱乐业	指公园、海滩和旅游景点内小型娱乐设施的娱乐活动及其他娱乐活动	9090
			景区游览服务		
06	062	0621	城市公园管理	指主要为人们提供休闲、观赏、游览以及开展科普活动的城市各类公园管理活动	7850
		0622	名胜风景区管理	指对具有一定规模的自然景观、人文景观，具有观赏、文化科学价值风景名胜区的保护与管理活动	7861
		0623	森林公园管理	指国家自然保护区、名胜景区以外的，以大面积人工林或天然林为主体而建设的公园管理活动	7862
		0624	其他游览景区管理	指其他未列明的游览景区的管理活动	7869
		0625	自然遗迹保护管理	包括地质遗迹保护管理、古生物遗迹保护管理等	7712
		0626	动物园、水族馆管理服务	指以保护、繁殖、科学研究、科普，供游客观赏为目的，饲养野生动物场所的管理服务	7715
		0627	植物园管理服务	指以调查、采集、引种、鉴定、驯化、保存、推广、科普为目的，并供游客游憩、观赏的园地管理服务	7716

续表

代码			类别名称	说明	行业分类代码
大类	中类	小类			
06	063		休闲观光游览服务		
		0631	休闲观光游览活动	指以农林牧渔业、制造业等生产和服务领域成为对象的休闲观光旅游活动	9030
		0632	观光游览航空服务	指直升机、热气球等游览飞行服务	5622
07			文化相关领域	本领域包括 07~09 大类	
			文化辅助生产和中介服务		
	071		文化辅助用品制造		
		0711	文化用机制纸及纸板制造	仅指未涂布印刷书写用纸、涂布类印刷用纸、感应纸及纸板制造。该小类包含在机制纸及纸板制造行业小类中	2221*
		0712	手工纸制造	指采用手工操作成型、制成纸的生产活动。包括手工纸（宣纸、国画纸、其他手工纸）及手工纸板	2222
		0713	油墨及类似产品制造	指由颜料、连接料（植物油、矿物油、树脂、溶剂）和填充料经过混合、研磨调制而成，用于印刷的有色胶浆状物质，以及用于计算机打印、复印机用墨等的生产活动	2642
		0714	工艺美术颜料制造	指油画、水粉画、广告等美术用颜料的制造	2644
		0715	文化用信息化学品制造	指电影、照相、医用、幻灯及投影用感光材料、冲洗套药、磁、光记录材料、光纤维通信用辅助材料，及其专用化学制剂的制造	2664
	072		印刷复制服务		
		0721	书、报刊印刷	指书、报刊的印刷活动	2311
		0722	本册制造	指由各种纸及纸板制作的，用于书写和其他用途的本册生产活动	2312
		0723	包装装潢及其他印刷	指根据一定的商品属性、形态，采用一定的包装材料，经过对商品包装美化装饰的造型结构艺术和图案文字的设计与安排来装饰美化商品的印刷，以及其他印刷活动	2319
		0724	装订及印刷相关服务	指专门为企业从事书刊的装订、压印等印制等与印刷有关的服务	2320
		0725	记录媒介复制	指将母带、母盘上信息进行批量翻录的生产服务	2330
		0726	摄影扩印服务	包括摄影服务、照片扩印及处理服务	8060

续表

代码			类别名称	说明	行业分类代码
大类	中类	小类			
07	073		版权服务		
		0730	版权和文化软件服务	仅指版权服务、文化软件服务。该小类包含在知识产权服务行业小类中	7520*
	074		会议展览服务		
		0740	会议、展览及相关服务	指以会议为主，也可附带展览及其他相关的活动形式，包括项目策划组织、场馆租赁保障、相关服务	7281~ 7284 7289
	075		文化经纪代理服务		
		0751	文化活动服务	指策划、组织、实施各类文化、晚会、娱乐、演出、庆典、节日等活动的服务	9051
		0752	文化娱乐经纪人	指各种文化娱乐经纪人活动。包括演员挑选、推荐演员，艺术家、作家经纪人服务，演员经纪人服务，模特经纪人服务，其他演员、艺术家经纪人服务	9053
		0753	其他文化艺术经纪代理	指其他文化艺术经纪代理活动	9059
		0754	婚庆典礼仪服务	仅指婚庆礼仪服务。该小类包含在婚姻服务行业小类中	8070*
		0755	文化贸易代理服务	仅指文化贸易代理服务。该小类包含在贸易代理行业小类中	5181*
		0756	票务代理服务	指除旅客交通票务代理外的各种票务代理服务	7298
	076		文化设备（用品）出租服务		
		0761	休闲娱乐用品设备出租	指各种休闲娱乐用品设备出租活动	7121
		0762	文化用品设备出租	指各种文化用品设备出租活动	7123
	077		文化科研培训服务		
		0771	社会人文科学研究	指各种社会人文科学研究活动	7350
		0772	学术理论社会（文化）团体	仅指学术理论社会团体、文化团体的服务。该小类包含在专业性社团行业小类中	9521*
		0773	文化艺术培训	指国家学校教育制度以外，由正规学校或社会各界举办的文化艺术培训活动，不包括少年儿童的课外艺术辅导班	8393

续表

大类	中类	小类	类别名称	说明	行业分类代码
07	077	0774	文化艺术辅导	仅包括美术、舞蹈、音乐、书法和武术等辅导服务。该小类包含在其他未列明教育行业小类中	8399*
08			文化装备生产		
	081		印刷设备制造		
		0811	印刷专用设备制造	指使用印刷或其他方式将图文信息转移到承印物上的专用生产设备的制造	3542
		0812	复印和胶印设备制造	指各种用途的复印设备和集复印、打印、扫描、传真为一体的多功能一体机的制造；以及主要用于办公室的胶印设备、文字处理设备及零件的制造	3474
	082		广播电视电影设备制造及销售		
		0821	广播电视节目制作及发射设备制造	指广播电视节目制作、发射设备及器材的制造	3931
		0822	广播电视接收设备制造	指专业、广播家用广播电视接收设备的制造	3932
		0823	广播电视专用配件制造	指专业用录像重放及其他广播的广播电视配套用广播电视装置的制造	3933
		0824	专业音响设备制造	指广播电视、影剧院、录音棚、会议、各种场地等专业用录音、音响设备及其他配套设备的制造	3934
		0825	应用电视设备及其他广播电视设备制造	指应用电视设备、其他广播电视设备和器材的制造	3939
		0826	广播影视设备批发	指广播影视设备的批发及销售	5178
		0827	电影机械制造	指各种类型或用途的电影设备的制造，电影录音摄影机、影像放映机及电影辅助器材和配件的制造	3471
	083		摄录设备制造及销售		
		0831	影视录放设备制造	指非专业用录像机、摄像机、激光视盘机等影视设备整机及零部件的制造，包括教学用影视设备的制造，但不包括广播电视等专业影视设备的制造	3953
		0832	娱乐用智能无人飞行器制造	指按照国家有关安全规定标准，经允许生产主要用于娱乐的智能无人飞行器的制造。该小类包含在智能无人飞行器制造行业小类中	3963*
		0833	幻灯及投影设备制造	指通过媒体将存在电子成像器件上的文字图像、胶片上的文字图像及实物投射到银幕上的各种设备、器材及零配件的制造	3472

续表

代码			类别名称	说明	行业分类代码
大类	中类	小类			
08	083		照相机及器材制造		
		0834	照相机及器材制造	指各种类型或用途的照相机的制造。包括用以制备印刷板、用于水下或空中照相的照相机制造，以及照相机用闪光装置、摄影暗室装置和零件的制造	3473
		0835	照相器材零售	指照相器材专门零售	5248
	084		演艺设备制造及销售		
		0841	舞台及场地用灯制造	指演出舞台、演出场地、运动场地、大型活动场地用灯制造	3873
		0842	舞台照明设备批发	仅指各类舞台照明设备的批发。该小类包含在电气设备批发行业小类中	5175*
	085		游乐游艺设备制造		
		0851	露天游乐场所游乐设备制造	指主要安装在公园、游乐园、水上乐园、儿童乐园等露天游乐场所的电动及非电动游乐设备和游艺器材的制造	2461
		0852	游艺用品及室内游艺器材制造	指主要供室内、桌上等游艺及娱乐场所使用的游乐设备、游艺器材和游艺娱乐用品，以及主要安装在室内游乐场所的电子游乐设备的制造	2462
		0853	其他娱乐用品制造	指其他未列明的娱乐用品制造	2469
	086		乐器制造及销售		
		0861	中乐器制造	指各种民族乐器的制造活动	2421
		0862	西乐器制造	指各种西洋乐器的制造活动	2422
		0863	电子乐器制造	指各种电子乐器的制造活动	2423
		0864	其他乐器及零件制造	指其他未列明的乐器、乐器零件及配套产品的制造	2429
		0865	乐器批发	指各种乐器的批发活动	5147
		0866	乐器零售	指各种乐器的零售活动	5247
09			文化消费终端生产		
	091		文具制造及销售		
		0911	文具制造	指办公、学习等使用的各种文具的制造活动	2411
		0912	文具用品批发	指文具用品的批发活动	5141

续表

代码			类别名称	说明	行业分类代码
大类	中类	小类			
09	091	0913	文具用品零售	指文具用品的零售活动	5241
	092		笔墨制造		
		0921	笔的制造	指用于学习、办公或绘画等用途的各种笔制品的制造	2412
		0922	墨水、墨汁制造	指各种墨水、墨汁及墨汁类似品的制造活动	2414
	093		玩具制造		
		0930	玩具制造	指以儿童为主要使用者、用于玩耍、智力开发等娱乐玩具的制造	2451~2456 2459
	094		节庆用品制造		
		0940	焰火、鞭炮产品制造	指节日、庆典用焰火及民用烟花、鞭炮等产品的制造	2672
	095		信息服务终端制造及销售		
		0951	电视机制造	指非专业用电视机制造，包括彩色、黑白电视机以及其他视频设备（移动电视机和其他系列明视频设备）的制造	3951
		0952	音响设备制造	指非专业用音箱、耳机、组合音响、功放、无线电收音机、收录音机等音响设备的制造	3952
		0953	可穿戴智能文化设备制造	指由用户穿戴和控制、并且自然、持续地运行和实时的个人移动计算文化设备产品的制造。该小类包含可穿戴智能设备制造行业小类中	3961*
		0954	其他智能文化消费设备制造	指虚拟现实设备制造活动。该小类包含在其他智能消费设备制造行业小类中	3969*
		0955	家用视听设备批发	指家用视听设备批发活动	5137
		0956	家用视听设备零售	指专门经营电视、音响设备、摄像设备等的店铺零售活动	5271
		0957	其他文化用品批发	包括影像批发服务以及玩具、游艺及娱乐用品、照相器材和其他文化娱乐用品批发和进出口	5149
		0958	其他文化用品零售	指专门经营游艺用品及其他文化用品的店铺零售活动	5249

注：行业分类代码后标有 "*" 的表示该行业类别仅有部分内容属于文化及相关产业。

资料来源：国家统计局。

附表 2 文化产品进出口统计目录（2022 年版）

文化产品类别（共 327 种海关商品编码）	国民经济行业代码（GB/T 4754-2017）	2022 年海关统计商品编码	海关统计商品名称	备注
第一部分 核心层（171）				
一、出版物（37）				
（一）图书、报纸、期刊（8）				
1. 图书（6）	图书出版（8621）	49011000	单张的书籍、小册子、散页印刷品及类似印刷品	不论是否折叠
		49019100	字典、百科全书及其连续出版的分册	非单张的
		49019900	其他书籍、小册子及类似的印刷品	
		49030000	儿童图画书、绘画或涂色书	
		49040000	乐谱原稿或印本	不论是否装订或印有插图
		49052000	成册的地图、水道图及类似图表	
2. 报纸和期刊（2）	期刊出版（8623）	49021000	报纸	不论有无插图或广告材料
	报纸出版（8622）	49029000	期刊	不论有无插图或广告材料
（二）音像制品及电子出版物（19）				
1. 磁带（1）	音像制品出版及电子出版物出版（8624、8625）	85232928	重放声音或图像信息的磁带	
2. 光盘（2）	音像制品出版及电子出版物出版（8624、8625）	85234910	仅用于重放声音信息的已录制光盘	
	音像制品出版及电子出版物出版（8624、8625）	85234990	其他已录制光盘	
3. 唱片（1）	音像制品出版及电子出版物出版（8624、8625）	85238011	已录制唱片	
4. 胶片（10）	音像制品出版及电子出版物出版（8624、8625）	37040010	已曝光未冲洗的电影胶片	
		37040090	已曝光未冲洗的其他摄影硬片、软片、纸、纸板及纺织物	

续表

文化产品类别（共327种海关商品编码）	国民经济行业代码（GB/T 4754-2017）	2022年海关统计商品编码	海关统计商品名称	备注
4. 胶片（10）	音像制品出版及电子出版物出版（8624、8625）	37050010	已曝光已冲洗的教学专用幻灯片	电影胶片除外
		37050021	已曝光已冲洗的书籍、报刊的缩微胶片	电影胶片除外
		37050029	已曝光已冲洗的其他缩微胶片	电影胶片除外
		37050090	已曝光已冲洗的其他摄影硬片及软片	电影胶片除外
		37061010	已曝光已冲洗的教学专用中宽电影胶片	中宽胶片指宽度≥35毫米，不论是否配有声音道或仅有声道
		37061090	已曝光已冲洗的其他中宽电影胶片	中宽胶片指宽度≥35毫米，不论是否配有声音道或仅有声道
		37069010	已曝光已冲洗的教学专用其他电影胶片	宽度＜35毫米
		37069090	已曝光已冲洗的其他电影胶片	宽度＜35毫米
5. 新型存储媒介（5）	音像制品出版及电子出版物出版（8624、8625）	85232919	已录制磁盘	
		85235120	已录制的固态非易失性存储器件（闪速存储器）	
		85235920	已录制的其他半导体媒体	
		85238029	已录制的税目8471所列机器用的媒体	
		85238099	已录制的其他未列名媒体	
（三）其他出版物（10）				
其他出版物（10）	其他出版（8629）	49059000	其他地图、水道图和类似图表及地球仪、天体仪	
		49060000	手绘的建筑、工程、工业、商业、地形或类似用途的设计图纸原稿；手稿；用感光纸照相复印或用复写纸誊写的上述物品复制件	
		49090010	印刷或有图画的明信片	
		49090090	其他印有个人问候、祝贺、通告的卡片	不论是否有图画、带封套或饰边

续表

文化产品类别（共327种海关商品编码）	国民经济行业代码（GB/T 4754—2017）	2022年海关统计商品编码	海关统计商品名称	备注
其他出版物（10）	其他出版（8629）	49100000	印刷的各种日历	包括日历芯
		49111010	无商业价值的商业广告品、商品目录类及类似印刷品	
		49111090	其他商业广告品、商品目录类及类似印刷品	
		49119100	印刷的图片、设计图样及照片	
		49119910	纸质的其他印刷品	
		49119990	其他未列各印刷品	

二、工艺美术品及收藏品（134）

（一）工艺美术品（124）

文化产品类别（共327种海关商品编码）	国民经济行业代码（GB/T 4754—2017）	2022年海关统计商品编码	海关统计商品名称	备注
1. 雕塑和漆器工艺品（13）	雕塑工艺品制造（2431）	39264000	塑料制小雕塑品及其他装饰品	
		44201110	热带木制木刻	
		44201120	热带木制木扇	
		44201190	其他热带木制小雕像及其他装饰品	
		44201911	其他木刻	
		44201912	竹刻	
		44201920	其他木扇	
		44201990	其他木质小雕像及装饰品	
	漆器工艺品制造（2433）	70189000	灯工方法制作的玻璃塑像及玻璃饰品	
		96011000	已加工的普牙及其制品（包括模塑制品）	
		96019000	已加工的其他动物质雕刻材料及制品（包括模塑制品）	
		97031000	超过100年的各种材料制的雕塑品原件	
		97039000	其他各种材料制的雕塑品原件	

续表

文化产品类别（共327种海关商品编码）	国民经济行业代码（GB/T 4754—2017）	2022年海关统计商品编码	海关统计商品名称	备注
2. 金属工艺品（3）	金属工艺品制造（2432）	83062100	镀贵金属的贱金属雕塑像及其他装饰品	
		83062910	景泰蓝的贱金属雕塑像及其他装饰品	
		83062990	其他贱金属雕塑像及装饰品	
3. 花画工艺品（20）	花画工艺品制造（2434）	44141000	热带木制的画框、相框、镜框及类似品	
		44149010	辐射松制的画框、相框、镜框及类似品	
		44149090	其他木制的画框、相框、镜框及类似品	
		67021000	塑料制花、叶、果实及其制品	
		67029010	羽毛制花、叶、果实及其制品	
		67029020	丝或绢丝制花、叶、果实及其制品	
		67029030	化学纤维制花、叶、果实及其制品	
		67029090	其他材料制花、叶、果实及其制品	
		97012100	超过100年的油画、粉画及其他手绘画	
		97012200	超过100年的镶嵌画	
		97012900	超过100年的拼贴画及类似装饰板	
		97019111	100年及以下的唐卡原件	
		97019119	100年及以下的其他油画、粉画及其他手绘画原件	
		97019120	100年及以下的拼贴画、粉画及其他手绘画的复制品	
		97019200	100年及以下的镶嵌画	
		97019900	100年及以下的拼贴画及类似装饰板	
		97021000	超过100年的雕版画、印制画、石印画的原本	

续表

文化产品类别（共327种海关商品编码）	国民经济行业代码（GB/T 4754-2017）	2022年海关统计商品编码	海关统计商品名称	备注
3. 花画工艺品（20）	花画工艺品制造（2434）	97029000	100年及以下的雕版画、印制画、石印画的原本	
		48239030	纸扇	
		59070020	已绘制画布	作舞台、摄影布景或类似用途的已绘制画布
4. 天然植物纤维编织工艺品（6）	天然植物纤维编织工艺品制造（2435）	46021100	竹编制的篮筐及其他制品	
		46021200	藤编制的篮筐及其他制品	
		46021910	草编制的篮筐及其他制品	
		46021920	玉米皮编制的篮筐及其他制品	
		46021930	柳条编制的篮筐及其他制品	
		46021990	其他植物材料编制的篮筐及其他制品	
5. 抽纱刺绣工艺品（19）	抽纱刺绣工艺品制造（2436）	58101000	不见底布的刺绣品	
		58109100	其他棉制刺绣品	
		58109200	其他化学纤维制刺绣品	
		58109900	其他纺织材料制刺绣品	
		62132010	棉制刺绣手帕	
		62139020	其他纺织材料制刺绣手帕	
		63023110	棉制刺绣的床上用织物制品	
		63023210	化学纤维制刺绣的床上用织物制品	
		63023921	麻制刺绣的床上用织物制品	
		63023991	其他纺织材料制刺绣的床上用织物制品	
		63025110	棉制刺绣的餐桌用织物制品	
		63025310	化学纤维制刺绣的餐桌用织物制品	

续表

文化产品类别（共 327 种海关商品编码）	国民经济行业代码（GB/T 4754-2017）	2022 年海关统计商品编码	海关统计商品名称	备注
5. 抽纱刺绣工艺品（19）	抽纱刺绣工艺品制造（2436）	63025911	亚麻制刺绣的餐桌用织物制品	
		63041921	棉或麻制刺绣的床罩	
		63041931	化学纤维制刺绣的床罩	
		63041991	其他纺织材料刺绣的床罩	
		63049210	棉制刺绣的其他装饰用织物制品	指非针织或非钩编的
		63049310	合成纤维制刺绣的其他装饰用织物制品	指非针织或非钩编的
		63049921	麻制刺绣的其他装饰用织物品	指非针织或非钩编的
6. 地毯，挂毯（3）	地毯，挂毯制造（2437）	57021000	"开来姆""苏麦克""卡拉马尼"及类似的手织地毯	
		58050010	手工针绣嵌花装饰毯	
		58050090	"哥白林""弗朗德""奥步生""波威"及类似式样的手织装饰毯	
7. 珠宝首饰及有关物品（11）	珠宝首饰及有关物品制造（2438）	71131110	镶嵌钻石的银制首饰及其零件	不论是否包、镀其他贵金属
		71131190	其他银制首饰及其零件	不论是否包、镀其他贵金属
		71131911	镶嵌钻石的黄金制首饰及其零件	不论是否包、镀其他贵金属
		71131919	其他黄金制首饰及其零件	不论是否包、镀其他贵金属
		71131921	镶嵌钻石的铂制首饰及其零件	不论是否包、镀其他贵金属
		71131929	其他铂制首饰及其零件	不论是否包、镀其他贵金属
		71132010	镶嵌钻石的以贱金属为底的包贵金属制首饰及其零件	
		71132090	其他以贱金属为底的包贵金属制首饰及其物品	
		71161000	天然或养殖珍珠制成的物品	

续表

文化产品类别（共327种海关商品编码）	国民经济行业代码（GB/T 4754—2017）	2022年海关统计商品编码	海关统计商品名称	备注
7. 珠宝首饰及有关物品（11）	珠宝首饰及有关物品制造（2438）	71162000	宝石或半宝石（包括天然、合成或再造）制成的物品	
		71179000	未列名仿首饰	
8. 园艺和陈设艺术陶瓷（2）	陈设艺术陶瓷制造（3075）	69131000	瓷塑像及其他装饰用瓷制品	
	园艺陶瓷制造（3076）	69139000	陶塑像及其他装饰用陶制品	
9. 蚕丝及机织物（47）	抽纱刺绣工艺品制造（2436）	50020011	桑蚕厂丝	
		50020012	桑蚕土丝	
		50020013	桑蚕双宫丝	
		50020019	其他桑蚕丝	
		50040000	丝纱线（绢纺纱线除外），非供零售用	
		50050010	绢丝纱线，非供零售用	
		50050090	其他绢纺纱线，非供零售用	
		50060000	供零售用的丝纱线及绢纺纱线；蚕胶丝	
		50071010	未漂白（包括未练白或练白）或漂白绅丝机织物	
		50071090	其他绅丝机织物	
		50072011	未漂白（包括未练白或练白）或漂白的桑蚕丝机织物	按重量计丝或绢丝（绅丝除外）含量在85%及以上
		50072019	其他桑蚕丝机织物	按重量计丝或绢丝（绅丝除外）含量在85%及以上
		50072031	未漂白（包括未精练及精练的）或漂白绢丝机织物	按重量计丝或绢丝（绅丝除外）含量在85%及以上

续表

文化产品类别（共327种海关商品编码）	国民经济行业代码（GB/T 4754-2017）	2022年海关统计商品编码	海关统计商品名称	备注
		50072039	其他绢丝机织物	按重量计丝或绢丝（䌷丝除外）含量在85%及以上
		50072090	未列名丝机织物	按重量计丝或绢丝（䌷丝除外）含量在85%及以上
		58019010	丝及绢丝制起绒机织物及绳绒织物	
		58022010	丝及绢丝制毛巾织物及类似毛圈机织物	
		58023010	丝及绢丝制簇绒织物	
		58030020	丝及绢丝制纱罗	
		58041010	丝及绢丝制网眼薄纱及其他网眼网眼物	
		58042910	丝及绢丝制机制花边	
		58063910	丝及绢丝制未列名各种窄幅机织物	
	抽纱刺绣工艺品制造（2436）	58110010	丝及绢丝制，用一层或几层纺织材料与填料经绗缝成其他方法组合制成的被褥状纺织品	
9.蚕丝及机织物（47）		60024020	丝及绢丝制针织物或钩编织物，宽度不超过30厘米，弹性纱线含量在5%及以上，无橡胶线	
		60029020	丝及绢丝制其他针织物或钩编织物，宽度不超过30厘米，弹性纱线或橡胶线在5%及以上	
		60041020	丝及绢丝制针织物或钩编织物，宽度超过30厘米，弹性纱线含量在5%及以上，无橡胶线	
		60049020	丝及绢丝制其他针织物或钩编织物，宽度超过30厘米，含弹性纱线或橡胶线在5%及以上	
		61099010	丝及绢丝制针织或钩编的T恤衫、汗衫及其他背心	

续表

文化产品类别（共327种海关商品编码）	国民经济行业代码（GB/T 4754—2017）	2022年海关统计商品编码	海关统计商品名称	备注
		61109010	丝及绢丝制针织或钩编的套头衫、开襟衫、外穿背心及类似品	
		62031910	丝及绢丝制男式西服套装	
		62032910	丝及绢丝制男式便服套装	
		62033910	丝及绢丝制男式上衣	
		62041910	丝及绢丝制女式西服套装	
		62042910	丝及绢丝制女式便服套装	
		62043910	丝及绢丝制女式上衣	
		62044910	丝及绢丝制女式连衣裙	
		62045910	丝及绢丝制女式裙子及裙裤	
		62059010	丝及绢丝制男衬衫	
		62061000	丝及绢丝制女衬衫	
		62113910	丝及绢丝制其他男式服装	
		62114910	丝和绢丝制其他女式服装	
		62141000	丝或绢丝制披巾、领巾、围巾、披纱、面纱及类似品	
		62151000	丝及绢丝制领带及领结	
		63022910	丝及绢丝制印花床上用织物制品	
		63023910	丝及绢丝制非针织或钩编的床上用织物制品	
		63041910	丝及绢丝制非针织或钩编的床罩	
		63049910	丝及绢丝制非针织或钩编的其他装饰用织物制品	
9.蚕丝及机织物（47）	抽纱刺绣工艺品制造（2436）			

续表

文化产品类别（共 327 种海关相关商品编码）	国民经济行业代码（GB/T 4754-2017）	2022 年海关统计商品编码	海关统计商品名称	备注
（二）收藏品（10）				
收藏品（10）	工艺美术品及收藏品零售（5246） 艺术品、收藏品拍卖（5183） 首饰、工艺品及收藏品批发（5146）	97040010	邮票	使用过或未使用过的
		97040090	印花税票、邮戳印记、首日封、邮政信笺（印有邮票的纸品）及类似物	使用过或未使用过的
		97051000	具有考古学、人种学或历史学意义的收集品及珍藏品	
		97052100	人类标本及其部分	
		97052200	灭绝或濒危物种及其部分	
		97052900	其他动物学、植物学、矿物学、解剖学或古生物学意义的收集品及珍藏品	
		97053100	超过 100 年的具有钱币学意义的收集品及珍藏品	
		97053900	其他具有钱币学意义的收集品及珍藏品	
		97061000	超过 250 年的古物	
		97069000	超过 100 年且不超过 250 年的古物	
第二部分 相关层（156）				
三、文化用品（60）				
（一）文具（7）				
1. 手工纸（2）	手工纸制造（2222）	48021010	宣纸	
		48021090	其他手工制纸及纸纸板	
2. 笔（3）	笔的制造（2412）	96033010	画笔	
		96033020	毛笔	
		96083010	墨汁画笔	

续表

文化产品类别（共327种海关商品编码）	国民经济行业代码（GB/T 4754—2017）	2022年海关统计商品编码	海关统计商品名称	备注
3.工艺美术颜料（2）	工艺美术颜料制造（2644）	32131000	成套的艺术家、学生和广告美工用的颜料，调色料，文娱颜料及类似品	
		32139000	其他艺术家、学生和广告美工用的颜料，调色料，文娱颜料及类似品	
（三）乐器（22）				
1.中西乐器（11）	中乐器制造（2421）、西乐器制造（2422）、电子乐器制造（2423）、其他乐器及零件制造（2429）	92011000	竖式钢琴	
		92012000	大钢琴	
		92019000	其他钢琴	
		92021000	弓弦乐器	
		92029000	其他未列名弦乐器	
		92051000	铜管乐器	
		92059010	键盘管风琴、簧风琴及类似的游离金属簧片键盘乐器	
		92059020	手风琴及类似乐器	游艺场风琴及手摇风琴除外
		92059030	口琴	
		92059090	其他管乐器	
		92060000	打击乐器	
2.电子乐器（2）	电子乐器制造（2423）	92071000	通过电产生或扩大声音的键盘乐器	
		92079000	其他通过电产生或扩大声音的乐器	手风琴除外
3.其他乐器及零件（9）	其他乐器及零件制造（2429）	92081000	百音盒	
		92089000	游艺场风琴、手摇风琴、机械鸣禽、乐锯及本章其他税号未列名的其他乐器；各种媒诱音响器，哨子、号角、口吹音响信号器	

续表

文化产品类别（共 327 种海关商品编码）	国民经济行业代码（GB/T 4754-2017）	2022 年海关统计商品编码	海关统计商品名称	备注
3. 其他乐器及零件（9）	其他乐器及零件制造（2429）	92093000	乐器用的弦	
		92099100	钢琴的零件、附件	
		92099200	税目 9202 所列乐器的零件、附件	
		92099400	税目 9207 所列乐器的零件、附件	
		92099910	节拍器、音叉及定音管	
		92099920	百音盒的机械装置	
		92099990	本章其他编号未列名的其他乐器零件	
（三）玩具（7）	玩具制造（2451~2456、2459）	95030010	供儿童乘骑的带轮玩具（例如，三轮车、踏板车、踏板汽车；玩偶车）	
玩具（7）		95030021	动物玩偶	不论是否着装
		95030029	其他玩偶	不论是否着装
		95030060	智力玩具	
		95030083	带动力装置的玩具及模型	
		95030089	其他未列名玩具	
		95030090	税目 9503 所列玩具的零件、附件	
（四）游艺器材及娱乐用品（24）				
1. 露天游乐场所游乐设备（9）	露天游乐场所游乐设备制造（2461）	95082100	过山车	
		95082200	旋转木马、秋千和旋转平台	
		95082300	碰碰车	
		95082400	运动模拟器和移动剧场	
		95082500	水上乘骑游乐设施	

续表

文化产品类别（共327种海关商品编码）	国民经济行业代码（GB/T 4754-2017）	2022年海关统计商品编码	海关统计商品名称	备注
1. 露天游乐场所游乐设备（9）	露天游乐场所游乐设备制造（2461）	95082600	水上乐园娱乐设备	
		95082900	其他游乐场乘骑游乐设施和水上乐园娱乐设备	
		95083000	游乐场娱乐设备，包括射击用靶	
		95084000	流动剧团	
		95043010	使用特定支付方式使其工作的电子游戏机	用硬币、钞票、银行卡、代币或任何其他支付方式
		95043090	使用特定支付方式使其工作的其他游戏用品（保龄球自动球道设备除外）	用硬币、钞票、银行卡、代币或任何其他支付方式
2. 游艺用品及室内游艺器材（6）	游艺用品及室内游艺器材制造（2462）	95045020	自带视频显示装置的视频游戏控制器及设备	子目 950430 货品除外
		95045030	其他视频游戏控制器及设备	子目 950430 货品除外
		95045080	视频游戏控制器及设备的零件及附件	子目 950430 货品除外
		95049010	其他电子游戏机	
		95044000	游戏纸牌	
		95049030	中国象棋、国际象棋、跳棋等棋类用品	
		95049040	麻将及类似桌上游戏用品	
		95049090	其他未列名各游艺用品及设备	
3. 其他娱乐用品（9）	其他娱乐用品制造（2469）	95051000	圣诞节用品	
		94053100	设计为仅使用发光二极管（LED）光源的圣诞树用的灯串	
		94053900	其他圣诞树用的灯串	
		95059000	其他节日用品或娱乐用品	包括魔术道具及赠戏品
		36041000	烟花、爆竹	

续表

文化产品类别（共327种海关商品编码）	国民经济行业代码（GB/T 4754-2017）	2022年海关统计商品编码	海关统计商品名称	备注
四、文化装备（96）				
（一）印刷专用设备（23）				
1. 胶印机（6）	复印和胶印设备制造（3474）	84431100	卷取进料式胶印机	
		84431311	平张纸进料式单色胶印机	
		84431312	平张纸进料式双色胶印机	
		84431313	平张纸进料式四色胶印机	
		84431319	其他平张纸进料式胶印机	
		84431390	未列名胶印机	
2. 印刷机（17）	印刷专用设备制造（3542）	84431400	卷取进料式凸版印刷机，但不包括苯胺印刷机	
		84431500	其他凸版印刷机，但不包括苯胺印刷机	
		84431600	苯胺印刷机（柔性版印刷机）	
		84431700	凹版印刷机	
		84431921	圆网印刷机	
		84431922	平网印刷机	
		84431929	其他网式印刷机	
		84431980	未列名印刷机	
		84433221	数字式喷墨印刷机，可与自动数据处理设备或网络连接	
		84433222	数字式静电照相印刷机，可与自动数据处理设备或网络连接	
		84433229	其他数字式印刷设备，可与自动数据处理设备或网络连接	

续表

文化产品类别（共327种海关商品编码）	国民经济行业代码（GB/T 4754—2017）	2022年海关统计商品编码	海关统计商品名称	备注
2. 印刷机（17）	印刷专用设备制造（3542）	84433290	其他单一功能的印刷（打印）机、复印机及传真机，可与自动数据处理设备或网络连接	
		84433931	数字式喷墨印刷机	
		84433932	数字式静电照相印刷机（激光印刷机）	
		84433939	其他数字式印刷设备	
		84433990	其他印刷（打印）机、复印机及传真机	
		84439119	其他印刷用辅助机器	
（二）广播电视电影专用设备（26）				
1. 广播电视接收及发射设备（3）	广播电视节目制作及发射设备制造（3931）、广播电视专用接收设备制造（3932）、广播电视专用配件制造（3933）	85255000	无线电广播、电视发送设备	不论是否装有接收装置或声音的录制、重放装置
		85256010	卫星地面站设备	
		85256090	其他装有接收装置的发送设备	
2. 广播电视节目制作设备（13）	广播电视节目制作及发射设备制造（3931）、广播电视专用配件制造（3933）	85258110	高速电视摄像机	
		85258210	抗辐射或耐辐射电视摄像机	
		85258310	夜视电视摄像机	
		85258911	其他特种用途的电视摄像机	
		85258912	非特种用途的广播级电视摄像机	
		85258919	非特种用途的其他电视类型电视摄像机	
		85258130	高速视频摄录一体机	
		85258230	抗辐射或耐辐射视频摄录一体机	
		85258330	夜视视频摄录一体机	
		85258931	其他特种用途的视频摄录一体机	

续表

文化产品类别（共327种海关相关商品编码）	国民经济行业代码（GB/T 4754-2017）	2022年海关统计商品编码	海关统计商品名称	备注
2. 广播电视节目制作设备（13）	广播电视节目制作及发射设备制造（3931）、广播电视专用配件制造（3933）	85258932	非特种用途的广播级视频摄录一体机	
		85258933	非特种用途的家用型视频摄录一体机	
		85258939	非特种用途的其他类型视频摄录一体机	
3. 电影制作及放映设备（10）	电影机械制造（3471）	90071010	高速电影摄影机	不论是否带有声音的录制或重放装置
		90071090	其他电影摄影机	不论是否带有声音的录制或重放装置
		90072010	数字式电影放映机	不论是否带有声音的录制或重放装置
		90072090	其他放映机	不论是否带有声音的录制或重放装置
		90079100	电影摄影机用零件、附件	不论是否带有声音的录制或重放装置
		90079200	电影放映机用零件、附件	不论是否带有声音的录制或重放装置
		90101010	电影胶卷的自动洗印设备	
		90105021	电影洗印用其他装置及设备	
		90106000	银幕及其他投影屏幕	
		90109010	电影洗印用装置和设备的零件、附件	
（三）其他设备（47）				
1. 影视录放设备（4）	影视录放设备制造（3953）	85211011	广播级磁带型录像机	不论是否装有高频调谐器
		85211019	其他磁带型录像机	不论是否装有高频调谐器

续表

文化产品类别（共327种海关商品编码）	国民经济行业代码（GB/T 4754—2017）	2022年海关统计商品编码	海关统计商品名称	备注
1. 影视录放设备（4）	影视录放设备制造（3953）	85211020	磁带型录像机	不论是否装有高频调谐器
		85219019	其他激光视盘机	不论是否装有高频调谐器
2. 幻灯及投影设备（5）	幻灯及投影设备制造（3472）	90085010	幻灯机	不论是否可以进行复制
		90085020	缩微胶卷、缩微胶片或其他缩微品的阅读机	
		90085031	正射影像仪	
		90085039	其他影像投影仪	
		90085040	照片（电影片除外）放大机及缩片机	
3. 照相机及器材（29）	照相机及器材制造（3473）	85258120	高速数字照相机	
		85258220	抗辐射或耐辐射数字照相机	
		85258320	夜视数字照相机	
		85258921	其他特种用途的数字照相机	
		85258922	非特种用途的单镜头反光型数字照相机	
		85258923	非特种用途的其他可换镜头的数字照相机	
		85258929	非特种用途的其他类型数字照相机	
		88062110	仅使用遥控飞行的航拍无人机，最大起飞重量不超过250克	
		88062210	仅使用遥控飞行的航拍无人机，最大起飞重量超过250克，但不超过7千克	
		88062310	仅使用遥控飞行的航拍无人机，最大起飞重量超过7千克，但不超过25千克	
		88062410	仅使用遥控飞行的航拍无人机，最大起飞重量超过25千克，但不超过150千克	

续表

文化产品类别（共 327 种海关商品编码）	国民经济行业代码（GB/T 4754-2017）	2022 年海关统计商品编码	海关统计商品名称	备注
		88062910	仅使用遥控飞行的航拍无人机，最大起飞重量超过 150 千克	
		88069110	其他航拍无人机，最大起飞重量不超过 250 克	
		88069210	其他航拍无人机，最大起飞重量超过 250 克，但不超过 7 千克	
		88069310	其他航拍无人机，最大起飞重量超过 7 千克，但不超过 25 千克	
		88069410	其他航拍无人机，最大起飞重量超过 25 千克，但不超过 150 千克	
3. 照相机及器材（29）	照相机及器材制造（3473）	90065921	电子分色机	
		90065929	其他制版照相机	
		90063000	水下、航空测量或体内器官检查用的特种照相机；法庭或犯罪学用的比较照相机	
		90064000	一次成像照相机	
		90066100	放电式（电子式）闪光灯装置	
		90066910	闪光灯泡	
		90066990	其他照相机闪光装置	
		90069110	税号 9006.3000、9006.5921、9006.5929 所列照相机用的零件、附件	
		90069120	一次成像照相机的零件、附件	
		90069191	自动调焦组件	
		90069192	快门组件	
		90069199	其他照相机的其他零件、附件	

续表

文化产品类别（共327种海关商品编码）	国民经济行业代码（GB/T 4754-2017）	2022年海关统计商品编码	海关统计商品名称	备注
3. 照相机及器材（29）	照相机及器材制造（3473）	90069900	照相闪光灯装置及闪光灯泡的零件	
		85394100	弧光灯	
4. 舞台及场地用灯（4）	舞台及场地用灯制造（3873）	94054100	光伏的且设计为仅使用发光二极管（LED）光源的其他电灯及照明装置	
		94054210	非光伏的且设计为仅使用发光二极管（LED）光源的探照灯和聚光灯	
		94054910	其他探照灯和聚光灯	
5. 专业音响设备（5）	专业音响设备制造（3934）	85182100	单喇叭音箱	
		85182200	多喇叭音箱	
		85182900	其他扬声器	不论是否装成音箱
		85184000	音频扩大器	
		85185000	电气扩音机组	

资料来源：商务部。

附表 3　文化服务进出口统计目录（2022 年版）

文化服务分类		涉外收支交易代码（2014 版）	说明	文化及相关产业分类（2018）
大类	小类			
第一部分　核心文化服务				
1. 新闻和信息服务	1.1 新闻和信息服务	227030 信息服务	包括： （1）通讯社服务，如向媒体提供新闻、照片和有关资料报道； （2）数据库服务，如数据库构思、数据存储以及数据和磁性、光学或印刷介质进行的分发；录和邮件列表）通过在线和磁性、光学或印刷介质进行的分发； （3）网页搜索引擎，即客户输入关键词查寻找互联网址的搜索引擎服务； （4）非批量订购报纸、期刊和书籍及电子出版物等 不包括： 批量购买报纸、期刊和书籍，应计入"121010 一般贸易"项下	01 新闻信息服务
2. 文化相关知识产权许可服务	2.1 文化相关知识产权许可服务	231040 复制或分销视听及相关产品许可费	转让／获得复制或分销视听及相关产品许可所取得／支付的费用 包括： （1）电影和录音； （2）有线电视、卫星电视（体育赛事的转播权也包括在内）、广播和网络视听节目等； （3）翻译、绘画和雕塑作品等产品 不包括： （1）定制视听及相关产品，下载的或以其他电子形式交付的非定制的视听及相关产品，以物介质提供的定期支付许可费的非定制视听及相关产品，应计入"229010—视听和相关服务"； （2）以物理介质提供的具有永久使用权的非定制视听及相关产品，应计入物贸易相应项下	021 出版服务 022 广播影视节目制作 024 数字内容服务 043 广播影视发行放映 041 出版物发行 073 版权服务

续表

文化服务分类		涉外收支交易代码（2014版）	说明	文化及相关产业分类（2018）
大类	小类			
3. 设计服务	3.1 建筑、工程设计服务	228031 建筑、工程技术服务	包括： （1）建筑服务具体包括建筑设计、装潢设计服务等； （2）工程服务具体包括机械设计、机械研制和使用，以及与之相关的材料、仪器仪表、结构、流程和系统；提供工程项目的设计、规划及研究等	032 设计服务
4. 视听和艺术相关服务	4.1 视听和艺术相关服务	229010 视听和艺术相关服务	与电影制作（胶片、录像带、磁盘上的电影或电子传输的电影等），无线广播和电视节目制作（现场直播或磁带播放），以及音乐录音等等相关的服务 包括： （1）视听和相关产品出租，如音像制品的租赁； （2）加密电视频道收看使用费，如有线电视和卫星电视； （3）涉及戏剧和音乐作品制作、体育活动、马戏团和其他地类似活动的演员、导演和制片人的费用； （4）下载的或以其他电子形式交付的、买断、卖断或供永久使用购入或销售的大批量制售音像制品录音制品和原稿 不包括： （1）以光盘、磁盘、纸张形式取得的买断、卖断或供永久使用或贸易"121010一般贸易"；售的大批量制售录音制品和原稿应计入"231040复制或分销视听及相关产品的许可，应计入"227010电信服务" （2）体育赛事的转播许可； （3）因转播各类视听节目所使用电视卫星等的费用，应计入"227010电信服务"	021 出版服务 022 广播影视节目制作 024 数字内容服务 043 广播影视发行放映 041 出版物发行 023 创作表演服务 075 文化经纪代理服务 044 艺术表演 042 广播电视节目传输

续表

文化服务分类		涉外收支交易代码（2014版）	说明	文化及相关产业分类（2018）
大类	小类			
5. 博物馆和体育服务	5.1 博物馆和体育服务	229990 其他文化和娱乐服务	包括： （1）远程提供博物馆服务； （2）运动员的费用和奖励 不包括： 中国居民在境外或非居民在中国境内购买的其他文化体育和娱乐服务，应计入"223—旅行"相应项下	025 内容保存服务 061 娱乐服务
6. 游戏服务 *	6.1 游戏服务 *	涉及 227020（计算机服务）、228010（研发成果转让费及委托研发）、231030（复制或分销计算机软件许可费）等	包括销售游戏软件专利、定制游戏、游戏运营等辅助服务，游戏研发服务，复制或分销游戏软件许可等	024 数字内容服务
第二部分　相关文化服务				
7. 广告及相关服务	7.1 广告服务	228024 广告服务	广告代理机构进行的广告设计、创意和市场营销服务；媒体投放、购买和出售广告空间，产品在国外的推广服务等各类服务	031 广告服务
	7.2 市场调查服务	228026 市场调查、民意测验服务	市场调查以及民意调查等各类调查服务	
8. 会展服务	8.1 会展服务	228025 展会服务	包括展览、会展服务，以及展会摊位租赁费用	074 会议展览服务

资料来源：商务部。

参考文献
REFERENCE

［1］Antras P., Chor D. Organizing the Global Value Chain ［J］. Econometrica, 2013, 81（6）: 2127–2204.

［2］Chan T. W. Social Status and Cultural Consumption ［J］. Contemporary Sociology, 2010, 40（5）: 568–569.

［3］Christian Barrère, Sophie Delabruyère. Intellectual Property Rights on Creativity and Heritage : The Case of the Fashion Industry ［J］. European Journal of Law & Economics, 2011, 32（3）: 305–339.

［4］Fally T. On the Fragmentation of Production in the US ［R］. University of Colorado Working Paper, 2012.

［5］Galí J., López–Salido D., and Vallés J. Understanding the Effects of Government Spending on Consumption ［J］. Journal of the European Economic Association, 2007, 5（1）: 227–270.

［6］Ginarte J. C., Park W G. Determinants of Patent Rights : A Cross–national Study［J］. Research Policy, 1997, 26（3）: 283–301.

［7］Glick R., Rose A. K. Contagion and Trade : Explaining the Incidence and Intensity of Currency Crises［R］. NBER Working Paper, 1998.

［8］Heckman J. J. Sample Selection Bias As A Specification Error（with an Application to the Estimation of Labor Supply Functions）［R］. NBER Working Paper, 1977.

［9］Hu A. G. Z., Png I. P. L. Patent Rights and Economic Growth : Evidence from Cross–country Panels of Manufacturing Industries ［J］. Oxford Economic Papers, 2013, 65（3）: 675–698.

［10］Hummels D., Ishii J., Yi K. M. The Nature and Growth of Vertical Specialization in World Trade［J］. Journal of International Economics, 2001, 54（1）: 75-96.

［11］Johnson R. C., Noguera G. Accounting for Intermediates: Production Sharing and Trade in Value Added［J］. Journal of International Economics, 2012, 86（2）: 224-236.

［12］Koopman R. B., Wang Z., Wei S. J. Tracing Value-Added and Double Counting in Gross Exports［J］. The American Economic Review, 2014, 104（2）: 459-494.

［13］Koopman R., Powers W., Wang Z., et al. Give Credit Where Credit is Due: Tracing Value Added in Global Production Chains［R］. NBER Working Paper, 2010.

［14］Linnemann L. The Effect of Government Spending on Private Consumption: A Puzzle?［J］. Journal of Money, Credit and Banking, 2006, 38（7）: 1715-1735.

［15］Picard R., Toivonen T. Issues in Assessment of the Economic Impact of Copyright［J］. Review of Economic Research on Copyright Issues, 2004, 1（1）: 20-29.

［16］Plant, Arnold. The Economic Aspects of Copyright in Books［J］. Economica, 1934, 1（2）: 167.

［17］Rolf Färe, Shawna Grosskopf, Mary Norris, Zhongyang Zhang. Productivity Growth, Technical Progress, and Efficiency Change in Industrialized Countries［J］. The American Economic Review, 1994（84）: 66-83.

［18］Situmeang F. B., Leenders M. A. and Wijnberg N. M. History Matters: The Impact of Reviews and Sales of Earlier Versions of a Product on Consumer and Expert Reviews of New Editions［J］. European Management Journal, 2014, 32（1）: 73-83.

［19］Wang Z., Wei S., X. Yu and K. Zhu. Measures of Participation in Global Value Chain and Global Business Cycles［R］. NBER Working Paper, 2017.

［20］Wang Z., S. Wei, X. Yu and K. Zhu. Characterizing Global Value Chains: Production Length and Upstreamness［R］. NBER Working Paper, 2017.

［21］Weng Y., Yang C. H. and Huang Y. J. Intellectual Property Rights and US Information Goods Exports: The Role of Imitation Threat［J］. Journal of

Cultural Economics, 2009, 33（2）.

［22］Yang C. H., Huang Y. J. Do Intellectual Property Rights Matter to Taiwan's Exports? A Dynamic Panel Approach［J］. Pacific Economic Review, 2009, 14（4）.

［23］白钰瑶. 文化产业知识产权保护的现状与对策建议［J］. 管理观察, 2019（5）: 66–67.

［24］曹佳斌, 王珺. 为什么中国文娱消费偏低？基于人口年龄结构的解释［J］. 南方经济, 2019（7）: 83–99.

［25］曹麦. 中国文化贸易统计分析［J］. 调研世界, 2016（6）: 54–56.

［26］车树林, 顾江. 收入和城市化对城镇居民文化消费的影响——来自首批 26 个国家文化消费试点城市的证据［J］. 山东大学学报（哲学社会科学版）, 2018（1）: 84–91.

［27］陈鑫, 任文龙, 张苏缘. 中等收入家庭房贷压力对居民文化消费的影响研究——基于 2016 年 CFPS 的实证研究［J］. 福建论坛（人文社会科学版）, 2019（12）: 71–81.

［28］陈柏福, 邓子璇, 杨建清. 改革开放 40 年以来我国对外文化贸易政策变迁研究［J］. 中国软科学, 2018（10）: 39–51.

［29］陈柏福, 刘莹. 我国对外文化贸易竞争力状况分析——基于"一带一路"沿线国家核心文化产品贸易的比较［J］. 湖湘论坛, 2021, 34（1）: 115–128.

［30］陈虹, 杨成玉. "一带一路"国家战略的国际经济效应研究——基于 CGE 模型的分析［J］. 国际贸易问题, 2015（10）: 4–13.

［31］陈敬贵, 曾兴. "一带一路"背景下中国与南亚国家文化产品贸易合作［J］. 南亚研究季刊, 2019（4）: 6+101–108.

［32］陈丽莉. 浅议我国文化产业知识产权保护制度体系的构建［J］. 法制与社会, 2018（5）: 24–25.

［33］陈明, 魏作磊. 生产性服务业开放对中国服务业生产率的影响［J］. 数量经济技术经济研究, 2018, 35（5）: 95–111.

［34］陈乔, 程成. "一带一路"文化贸易网络结构及其效应研究［J］. 经济经纬, 2018, 35（5）: 23–29.

［35］陈伟雄, 马文怡. "一带一路"沿线国家贸易便利化对中国文化产品出口的影响研究——基于随机前沿引力模型的实证分析［J］. 经济研究参考, 2022（2）: 114–129.

［36］陈霞. 论知识产权与文化产业的发展［J］. 首都师范大学学报（社会科学版），2012（6）：68-74.

［37］代中强，梁俊伟，孙琪. 知识产权保护、经济发展与服务贸易出口技术复杂度［J］. 财贸经济，2015（7）：109-122.

［38］范国周，张敦福. 文化消费与社会结构：基于 CGSS 2013 数据的多元对应分析［J］. 社会科学，2019（8）：75-85.

［39］范玉刚. 提升文化贸易质量　助力新时代文化"走进去"［J］. 湖南社会科学，2020（2）：130-140.

［40］范兆斌，黄淑娟. 文化距离对"一带一路"国家文化产品贸易效率影响的随机前沿分析［J］. 南开经济研究，2017（4）：125-140.

［41］方伟洁. "一带一路"视野下中国对外文化贸易发展与布局研究［J］. 价格月刊，2018（7）：69-73.

［42］方英，马芮. 中国与"一带一路"沿线国家文化贸易潜力及影响因素：基于随机前沿引力模型的实证研究［J］. 世界经济研究，2018（1）：112-121+136.

［43］方英，吴雪纯. 我国文化贸易数字化发展的正效应及推进方略［J］. 现代传播（中国传媒大学学报），2020，42（11）：1-7.

［44］方英，姚君丽. 中国与"一带一路"沿线国家文化创意产品贸易状况及发展策略［J］. 国际贸易，2017（11）：41-46.

［45］冯毅，石瀚文. 我国文化服务贸易发展现状、问题与对策［J］. 国际贸易，2017（6）：62-67.

［46］顾江，陈广，贺达. 人口结构与社会网络对城市居民文化消费的影响研究——基于省际动态面板的 GMM 实证分析［J］. 福建论坛（人文社会科学版），2016（6）：158-164.

［47］郭壬癸，乔永忠. 版权保护强度影响文化产业发展绩效实证研究［J］. 科学学研究，2019，37（7）：1174-1182.

［48］郭淑芬，王艳芬，黄桂英. 中国文化产业效率的区域比较及关键因素［J］. 宏观经济研究，2015（10）：111-119.

［49］郭万超，马萱. 全球视野下的中国文化产业价值链［J］. 人民论坛·学术前沿，2015（13）：82-90.

［50］郭新茹，刘冀，唐月民. 价值链视角下我国文化产业参与国际分工现状的实证研究——基于技术含量的测度［J］. 经济经纬，2014，31（5）：81-86.

［51］韩增林，李欣，彭飞，杨鑫，袁莹莹. 2000 年以来全球文化贸易网络

演化 [J]. 经济地理, 2021, 41 (5): 103-112.

[52] 何传添, 梁晓君, 周燕萍. 中国文化贸易发展现状、问题与对策建议 [J]. 国际贸易, 2022 (1): 33-42.

[53] 何里文, 袁晓玲, 邓敏慧. 中国文化产业全要素生产率变动、区域差异分析——基于 Malmquist 生产力指数的分析 [J]. 经济问题探索, 2012 (9): 71-77.

[54] 胡乃武, 田子方. 我国文化消费及其区域差异 [J]. 经济问题, 2015 (7): 1-6.

[55] 胡燕, 章珂熔. 中国与"一带一路"国家核心文化产品贸易持续改进路径选择 [J]. 江苏社会科学, 2017 (5): 41-51.

[56] 花建. "一带一路"战略下增强我国对外文化贸易新优势的思考 [J]. 中共浙江省委党校学报, 2015, 31 (4): 14-21.

[57] 花建. 国家对外文化贸易基地十年建设研究 (2011—2021) [J]. 学习与探索, 2021 (10): 137-145.

[58] 皇甫涛. 中国文化贸易高质量数字化发展研究 [J]. 技术经济与管理研究, 2021 (10): 119-122.

[59] 黄威, 丛树海. 我国财政政策对居民消费的影响: 基于省级城乡面板数据的考察 [J]. 财贸经济, 2011 (5): 31-37.

[60] 黄蕙萍, 万平. 知识产权保护对制造业贸易利益影响研究——基于附加值贸易核算方法的分析 [J]. 价格理论与实践, 2018 (2): 127-130.

[61] 蒋萍, 王勇. 全口径中国文化产业投入产出效率研究——基于三阶段 DEA 模型和超效率 DEA 模型的分析 [J]. 数量经济技术经济研究, 2011, 28 (12): 69-81.

[62] 靳静, 李薇. 价值链视角下的文化贸易问题研究 [J]. 价格月刊, 2010 (2): 43-45.

[63] 雷五明. 九十年代城市文化消费的特点及其影响因素的调查 [J]. 消费经济, 1993 (3): 24-25.

[64] 李蕊. 中国居民文化消费: 地区差距、结构性差异及其改进 [J]. 财贸经济, 2013 (7): 95-104.

[65] 李涛, 方明, 伏霖, 金星晔. 客观相对收入与主观经济地位: 基于集体主义视角的经验证据 [J]. 经济研究, 2019 (12): 118-133.

[66] 李志, 李雪峰. 中国城镇居民文化消费的影响因素——以中国 4011 个城镇家庭为例 [J]. 城市问题, 2016 (7): 87-94.

［67］李红秀."一带一路"倡议下的文化传播与民心相通［J］. 人民论坛，2020（32）：107–109.

［68］李怀亮. 国际文化贸易的影响因素研究［J］. 国际贸易，2016（12）：29–34.

［69］李怀亮. 新政策环境下我国对外文化贸易发展路径［J］. 国际贸易，2014（10）：62–66.

［70］李惠芬，付启元. 城市文化消费比较研究［J］. 南京社会科学，2013（4）：143–149.

［71］李惠芬. 文化消费的困惑："国际经验"与实践的背离［J］. 南京社会科学，2019（8）：153–160.

［72］李嘉珊. 中国国际文化贸易发展报告（2020）［M］. 北京：社会科学文献出版社，2020.

［73］李嘉珊，刘霞. 中国国际文化贸易发展报告（2021）［M］. 北京：社会科学文献出版社，2021.

［74］李嘉珊，任爽."一带一路"战略背景下海外文化市场有效开拓的贸易路径［J］. 国际贸易，2016（2）：62–66.

［75］李嘉珊，王伯港. 新时代构建我国对外文化贸易新格局的有效策略［J］. 国际贸易，2019（3）：73–80+90.

［76］李俊. 服务进口对服务业全要素生产率影响研究［J］. 经济问题探索，2017（9）：102–111.

［77］李康化."一带一路"战略与中国文化产业发展［J］. 青海社会科学，2016（5）：38–45.

［78］李小牧，李嘉珊. 中国国际文化贸易发展报告（2022）［M］. 北京：社会科学文献出版社，2022.

［79］李兴江，孙亮. 中国省际文化产业效率的区域差异分析［J］. 统计与决策，2013（20）：124–128.

［80］李亚波. 知识产权保护与文化创意产品进口［J］. 技术经济与管理研究，2015（6）：119–123.

［81］李焱，吕品，黄庆波. 中国汽车产业在全球价值链中的地位——基于Koopman 的地位指数和 Fally 的长度指数分析［J］. 国际贸易问题，2018（4）：24–35.

［82］李焱，原毅军. 中国装备制造业价值链升级与技术创新的协调发展研究［J］. 国际贸易，2017（6）：52–56.

［83］李勇军，黄柏青. 文化创意产业价值链及其组织网络构成研究［J］. 财经理论与实践，2014，35（2）：132-136.

［84］林琳. 完善知识产权保护　促进"互联网＋文化产业"发展［J］. 经济研究导刊，2018（17）：190-191.

［85］林晓珊. 谁人爱读书：一项文化消费的阶级比较研究［J］. 山东社会科学，2017（10）：24-34.

［86］刘克春. 中国文化服务贸易问题与协同创新对策——基于"一带一路"的视角［J］. 国际贸易，2017（8）：61-64.

［87］刘绍坚. 我国对外文化贸易发展的机遇、问题及对策建议［J］. 国际贸易，2014（6）：62-66.

［88］刘杨，曲如晓，曾燕萍. 哪些关键因素影响了文化产品贸易——来自OECD国家的经验证据［J］. 国际贸易问题，2013（11）：72-81.

［89］刘媛媛. 中国文化贸易如何再上新台阶［J］. 人民论坛，2017（24）：134-135.

［90］罗艳. 我国文化贸易国际视野比较及潜力测算［J］. 商业时代，2014（14）：31-33.

［91］吕蓉慧，周升起. 我国文化贸易出口及其影响因素实证研究［J］. 价格月刊，2020（1）：48-54.

［92］马跃如，白勇，程伟波. 基于SFA的我国文化产业效率及影响因素分析［J］. 统计与决策，2012（8）：97-101.

［93］毛捷，赵金冉. 政府公共卫生投入的经济效应——基于农村居民消费的检验［J］. 中国社会科学，2017（10）：70-89+205-206.

［94］毛牧然，陈凡，董雪林. 论我国文化科技创新产业政策的现状、不足及对策［J］. 科学管理研究，2014，32（3）：9-12.

［95］孟迪云，黄容. 文化消费增长的动力机制研究——基于省级面板数据模型［J］. 消费经济，2016（4）：26-31.

［96］彭辉，姚颉靖. 版权保护与文化产业：理论与实证研究——基于价值链分析为视角［J］. 科学学研究，2012，30（3）：359-365.

［97］乔小勇，王耕，郑晨曦. 我国服务业及其细分行业在全球价值链中的地位研究——基于"地位－参与度－显性比较优势"视角［J］. 世界经济研究，2017（2）：99-113+137.

［98］曲如晓，曾燕萍. 中国图书版权贸易的发展及对策思考［J］. 国际经济合作，2013（12）：54-57.

［99］曲如晓，韩丽丽．中国文化商品贸易影响因素的实证研究［J］．中国软科学，2010（11）：19-31．

［100］任文龙，张苏缘，陈鑫．金融发展、收入水平与居民文化消费——基于城乡差异的视角［J］．农村经济，2019（11）：118-127．

［101］申亮，王玉燕．我国公共文化服务政府供给效率的测度与检验［J］．上海财经大学学报，2017（2）：26-37+49．

［102］石佩霜．新常态下我国文化服务贸易结构优化的问题与提升路径［J］．对外经贸实务，2017（12）：79-82．

［103］苏林森，程思琪．居民收入对文化消费的影响——基于中国综合社会调查数据的分析［J］．城市问题，2018（12）：66-71．

［104］孙豪，毛中根．居民收入结构对文化消费增长的影响研究［J］．财贸研究，2018（5）：34-42．

［105］孙玉荣．互联网文化产业发展与知识产权保护［J］．北京联合大学学报（人文社会科学版），2016，14（2）：22-26+124．

［106］谈国新，郝挺雷．科技创新视角下我国文化产业向全球价值链高端跃升的路径［J］．华中师范大学学报（人文社会科学版），2015，54（2）：54-61．

［107］唐保庆，邱斌，孙少勤．中国服务业增长的区域失衡研究——知识产权保护实际强度与最适强度偏离度的视角［J］．经济研究，2018，53（8）：147-162．

［108］唐月民．"一带一路"战略下我国对外文化贸易格局的新变化及路径选择［J］．文化产业研究，2016（1）：152-163．

［109］滕良文，谢科范，杨柳．中国文化"走出去"与文化出口贸易效率［J］．统计与决策，2020，36（16）：64-68．

［110］屠年松，曹宇芙．知识产权保护对服务业全球价值链地位的影响研究——基于 OECD 国家面板数据的实证研究［J］．软科学，2019，33（6）：37-41+48．

［111］万永彬．中国与"一带一路"沿线国家双边贸易影响因素的实证研究［J］．经济问题探索，2019（11）：134-141．

［112］汪颖，黄建军．当前我国文化贸易政策存在的问题及调整对策［J］．国际贸易，2016（1）：64-67．

［113］王飞，郭孟珂．我国纺织服装业在全球价值链中的地位［J］．国际贸易问题，2014（12）：14-24．

［114］王海文．国际文化贸易大国的衡量维度与中国文化经济强国路探索

［J］．社会科学研究，2016（5）：65-70.

［115］王海文．以文化自信助推我国对外文化贸易的繁荣发展［J］．国际贸易，2016（10）：59-63.

［116］王洪涛，王翔．进口国知识产权保护、文化差异与中国文化产品出口［J］．江西社会科学，2017，37（2）：47-55.

［117］王厚双，李艳秀，朱奕绮．我国服务业在全球价值链分工中的地位研究［J］．世界经济研究，2015（8）：11-18+127.

［118］王家庭，张容．基于三阶段 DEA 模型的中国 31 省市文化产业效率研究［J］．中国软科学，2009（9）：75-82.

［119］王婧．国际文化贸易［M］．北京：清华大学出版社，2015：214.

［120］王岚．融入全球价值链对中国制造业国际分工地位的影响［J］．统计研究，2014，31（5）：17-23.

［121］王恕立，胡宗彪．中国服务业分行业生产率变迁及异质性考察［J］．经济研究，2012，47（4）：15-27.

［122］王恕立，滕泽伟，刘军．中国服务业生产率变动的差异分析——基于区域及行业视角［J］．经济研究，2015，50（8）：73-84.

［123］王爽，邢国繁，张曙霄．中国文化服务贸易结构及竞争力实证研究［J］．商业研究，2014（6）：90-97.

［124］王晓东．中国国际文化贸易低效性问题［J］．开放导报，2015（1）：54-56.

［125］王银梅，朱耘婵．基于面板数据的地方政府公共文化支出效率研究［J］．经济问题，2015（6）：35-40.

［126］王直，魏尚进，祝坤福．总贸易核算法：官方贸易统计与全球价值链的度量［J］．中国社会科学，2015（9）：108-127+205-206.

［127］魏鹏举，戴俊骋，魏西笑．中国文化贸易的结构、问题与建议［J］．山东社会科学，2017（10）：55-60.

［128］魏鹏举．文化强国战略格局下中国文化贸易的现状与愿景［J］．同济大学学报（社会科学版），2021，32（5）：28-34.

［129］魏如青，郑乐凯，程大中．中国参与全球价值链研究——基于生产分解模型［J］．上海经济研究，2018（4）：107-117.

［130］魏新亚．"一带一路"背景下中国发展文化产品贸易的问题研究［J］．现代经济探讨，2018（10）：81-87.

［131］吴慧香．中国文化产业生产率变迁及省际异质性研究［J］．科研管

理，2015，36（7）：64-69.

［132］谢伦灿，杨勇."一带一路"背景下中国文化走出去对策研究［J］.现代传播（中国传媒大学学报），2017，39（12）：110-114.

［133］杨珍增，刘晶.知识产权保护对全球价值链地位的影响［J］.世界经济研究，2018（4）：123-134+137.

［134］姚林香，欧阳建勇.我国农村公共文化服务财政政策绩效的实证分析——基于 DEA-Tobit 理论模型［J］.财政研究，2018（4）：86-97.

［135］弋俊楠，董小静.中国对外文化贸易现状、问题及策略［J］.对外经贸实务，2019（3）：64-68.

［136］尹宏祯.论中国文化产业贸易中的价值链特征［J］.四川行政学院学报，2015（2）：73-77.

［137］于文夫.我国对外文化贸易的发展现状及原因探析［J］.社会科学辑刊，2014（3）：50-55.

［138］余骁，郭志芳.知识产权保护对全球价值链分工收益的影响——基于跨国行业面板数据的经验分析［J］.中南财经政法大学学报，2017（6）：142-152.

［139］袁海，吴振荣.中国省域文化产业效率测算及影响因素实证分析［J］.软科学，2012，26（3）：72-77.

［140］曾燕萍，康玮.中国文化服务业企业全要素生产率变动及其影响因素研究——基于 DEA-Malmquist 指数法的分析［J］.上海经济研究，2019（5）：63-72.

［141］曾燕萍.科学坚持马克思主义在中国特色社会主义文化建设中的作用［J］.领导科学论坛，2018（11）：7-9.

［142］曾燕萍.中国文化服务业企业全要素生产率变动及其异质性——基于 DEA-Malmquist 指数法的分析［J］.经济问题探索，2019（7）：45-51.

［143］曾燕萍.中国与"一带一路"沿线国家文化贸易总体格局与互补性研究［J］.上海对外经贸大学学报，2020，27（2）：41-50.

［144］曾燕萍，刘霞.政府公共文化支出对家庭文化消费的影响研究——基于中国家庭追踪调查的分析［J］.消费经济，2020，36（2）：29-39.

［145］张铮，陈雪薇.文化消费在收入与主观幸福感关系中的中介作用及边界条件探究［J］.南京社会科学，2018（8）：149-156.

［146］张斌.国际文化贸易［M］.北京：人民出版社，2019：62-63.

［147］张华.文化产品国际贸易法律问题研究［M］.厦门：厦门大学出版

社，2013：77.

［148］张会清，翟孝强. 中国参与全球价值链的特征与启示——基于生产分解模型的研究［J］. 数量经济技术经济研究，2018，35（1）：3-22.

［149］张慧颖，邢彦. 知识产权保护、外国直接投资与中国出口技术进步研究——基于行业特征的实证分析［J］. 中国科技论坛，2018（8）：119-128.

［150］张梁梁，林章悦. 我国居民文化消费影响因素研究——兼论文化消费的时空滞后性［J］. 经济问题探索，2016（8）：56-64.

［151］张琼，聂平香. 提升国家文化出口基地发展水平的思考［J］. 国际经济合作，2020（5）：118-126.

［152］张少军. 全球价值链与国内价值链——基于投入产出表的新方法［J］. 国际贸易问题，2009（4）：108-113.

［153］张苏秋，顾江. 居民教育支出对文化消费溢出效应研究——基于全国面板数据的门限回归［J］. 上海经济研究，2015（9）：70-76.

［154］张为付，胡雅蓓，张岳然. 生产供给、流通载体与文化产品内生性需求［J］. 产业经济研究，2014（1）：51-60.

［155］张文镔，李雅. 中国文化贸易发展现状、存在问题及对策研究［J］. 价格月刊，2017（5）：67-70.

［156］赵平，邬鹏. 中国与"一带一路"沿线国家文化贸易影响因素研究——基于出口贸易成本视角的分析［J］. 价格理论与实践，2021（12）：143-146+201.

［157］赵卫军，张爱英，Akbar M. W. 中国文化消费影响因素分析和水平预测——基于误差修正与历史趋势外推模型［J］. 经济问题，2018（7）：59-66.

［158］赵玉焕，李彦敏. 中国光电设备制造业出口增加值及在全球价值链中的地位研究［J］. 国际贸易问题，2018（1）：71-82.

［159］钟廷勇，国胜铁，杨珂. 产业集聚外部性与我国文化产业全要素生产增长率［J］. 管理世界，2015（7）：178-179.

［160］周宏燕. 中国文化产品贸易：特征、地位与趋势［J］. 宏观经济研究，2016（6）：86-95+117.

［161］周升起，兰珍先，付华. 中国制造业在全球价值链国际分工地位再考察——基于 Koopman 等的"GVC 地位指数"［J］. 国际贸易问题，2014（2）：3-12.

［162］周升起，吕蓉慧. 我国文化产品贸易国际竞争力及其影响因素研究——基于供给需求视角［J］. 价格月刊，2019（7）：51-59.

［163］朱文静. 我国文化贸易在国际价值链中位置判断的实证研究［J］. 国际服务贸易评论（总第 6 辑），2012：328-344.

［164］邹波. 中国对外文化贸易发展的特征变化及前景展望［J］. 价格月刊，2021（2）：90-94.

［165］邹晓东，苏永军. 上海文化消费相关因素的实证分析［J］. 世界经济文汇，2000（3）：67-71.

［166］左惠. 国际文化贸易格局的变动及对中国的启示［J］. 南开学报（哲学社会科学版），2018（3）：76-85.

后 记

本书是本人主持的国家社科基金青年项目"'一带一路'背景下推进中国对外文化贸易发展的路径研究"（项目编号：18CJY044）的结项成果，同时获批 2023 年度国际关系学院"中央高校基础科研业务费"出版资助项目"'一带一路'背景下推进中国对外文化贸易高质量发展的路径研究"（项目编号：3262023T02）。

我从硕士阶段开始关注文化经济学领域，博士学位论文《信任影响中国企业出口的实证研究》对信任与贸易进行了比较系统的研究。入职国际关系学院以后开始关注中国对外文化贸易的高质量发展，依托项目重点从文化产业全球价值链、文化企业生产率、文化消费等方面系统探讨"一带一路"背景下中国对外文化贸易高质量发展的路径。

党的二十大报告强调指出，全面建设社会主义现代化国家，必须坚持中国特色社会主义文化发展道路，增强文化自信，建设社会主义文化强国。对外文化贸易既是一国经济持续增长和综合实力提升的重要动力，也是对外文化交流和传播中华优秀传统文化、展现中国形象的主要途径。推进文化贸易高质量发展能够有效助力文化强国建设。与此同时，"一带一路"建设稳步推进给中国文化贸易发展带来新的资源平台、市场平台和合作平台，为中国对外文化贸易高质量发展创造了重要契机。对此，本书以"一带一路"为背景，以文化贸易发展为视角，系统探讨了"一带一路"背景下推进中国对外文化贸易高质量发展的路径和对策建议。

最后，在此对本书出版过程中指导、帮助过我的领导、师长、朋友表示由衷的谢意！感谢我的博士生导师曲如晓教授，是曲老师将我引入文化经济学研究的大门；感谢国际关系学院及经济金融学院羌建新教授对本书出版给予的大力支持；感谢经济管理出版社任爱清主任对本书出版的策划和编辑；感谢我的父母、爱人和女儿，他们的爱为我专心致志从事教学与科研工作提供了无限动力，是我幸福生活的源泉。

本书是我入职国际关系学院以来在文化贸易领域的研究成果，虽然几经修改和完善，但仍有诸多不足与疏漏之处，敬请各位读者和同仁批评指正。

曾燕萍

2023 年 3 月 30 日